여백餘白을 위한 서정抒情

여백餘白을 위한 서정抒情
박효진 산문집

초판 1쇄 발행 2020년 5월 7일

글 사진 박효진

펴낸곳 도서출판 가쎄 [제 302-2005-00062호]
주소 서울 용산구 이촌로 224, 609
전화 070. 7553. 1783 / **팩스** 02. 749. 6911
ISBN 978-89-93489-94-1 03810

값 12,000원

홈페이지 www.gasse.co.kr
이메일 berlin@gasse.co.kr

여백餘白을 위한 서정抒情

박효진 산문집

gasse•가세

박효진

연세대학교 의과대학 의학과 학사(1985), 석사, 박사 학위를 취득하고, 영국 런던 세인트막스병원(1993-1994), 미국 아이오와 대학 교환 교수(1998-2000)를 거쳐, 현재 강남세브란스병원 내과 교수로 재직 중이다.

병원 내 보직으로 교육수련부 차장, 부장, 부학장, 대장암 클리닉 팀장, 소화기내과 과장, 건강검진·체크업센터 소장, 암병원 원장 등을 맡았다.

학회 활동으로는 한국 평활근학회 회장(2006-2008), 대한소화기 기능성질환·운동학회 회장(2011-2013)과 아시아 소화관운동학회 회장(2017-2020)을 역임하였다.

저서로는 시·수필집 『추억으로의 여행』(2005), 『내마음의 행로』(2013), 『잘 먹고 잘싸기』(2017), 『겨울에 피는 꽃』(2018) 외에 전문 서적으로 『소화관운동질환』, 『소화관운동질환 아틀라스』, 『호산구 식도염』, 『변비의 식사요법』, 『소화기생리 및 중개연구의 길잡이』 등이 있다.

차례●

머리글 ●

어릴 적 고향집은 마당이 넓어서 친구들의 놀이터가 되거나 쉼터가 되기도 했던 넉넉한 공간으로 기억됩니다. 빈 공간 없이 다양한 색채로 빽빽이 채우는, 일반적인 서양화에 비해서 여백이 많은 동양화나 이우환 화백의 넉넉한 빈 공간을 보면 마음이 편안하고 넉넉해지며, 보는 이의 마음대로 채울 수 있는 여지가 생깁니다.

2년 전 이맘때 '겨울에 피는 꽃'이란 산문집을 출간한 이후 원내 행정 보직을 내려놓고 부단하게 달려온 의사와 교수로서의 지난 25년간의 삶을 되돌아보고 재충전을 할 수 있는 소중한 시간을 갖게 되었고, 더욱이 3개월간의 꿈만 같았던 안식월로 인해 마음은 넉넉해짐을 느꼈으며 '여백을 위한 서정'은 강물처럼 넘쳐흘렀습니다.

이에 한순간 스치며 지나칠 수 있는 장면을 한 번 더 관찰하고 그 의미는 마음에 담아 시詩로 옮기게 되었고, 마음을 비운 후 느끼는 일상의 넉넉함을 기록한 '여백을 위한 서정', 안식월 동안 여행하며 느꼈던

‘여행의 색깔’, 그리고 의사 혹은 교수로서 느꼈던 일상을 기록한 ‘의변잡기’란 소주제의 수필隨筆 들을 정리하여 책으로 엮어 보았습니다.

지난해 12월에 안식월을 마치고 다시 바쁜 일상으로 돌아왔지만, 의미 있게 보냈던 ‘여백’으로 인해 재충전되어, 정년을 5년 앞둔 오늘을 여생 중 가장 젊은 날로 생각하며 기쁘고 활기차게 생활하고 있습니다.

끝으로, 책의 출간을 도와준 도서출판 가쎄 김남지 대표님께 감사드리며, 인생의 여정을 함께 즐기고 있는, 나의 영원한 소울 메이트인 사랑하는 아내 영미에게 이 책을 바칩니다.

2020년 4월

삼인옥 넓은 마당을 내려다보며

박효진

산문

I. 여백餘白을 위한 서정抒情

가평 생명의 빛 교회에 다녀와서

지난해 안도 타다오의 작품을 보고 가슴에 새긴 단어는 '빛'이었습니다. 그의 '빛'은 건축물에서 조명과 힐링이라는 두 가지 기능을 수행하고 있었습니다. 그런데 우연히 지인의 소개로 찾게 된 가평 생명의 빛 교회에서 만난 빛의 공간은 그 기능에다가 '구원'과 '은총'이 느껴져서 여러 가지 일로 지친 제 마음을 힐링하기에 충분하였고 은혜로웠습니다.

남서울 교회에서 파송했던 선교사들의 은퇴 후 공간을 마련하기 위해 2014년 생명의 빛 예수마을이 조성되었고 평생 아들을 위해 기도한 어머니를 잊지 못하고 예배당 짓기를 소원하였던 한 사업가가 러시아 연해주산 홍송 600여 그루를 기증하게 되어, 남서울 교회 홍정길 목사님의

친구인 누아주(Nouge)의 화가 고 신성희 님의 아들 신형철 교수의 설계와 남서울 은혜교회 성도들의 후원으로 수직으로 세운 홍송으로 에워싼 예배당을 짓게 됩니다.

프랑스, 스위스, 독일 세 지점이 만나는 프랑스 마을 롱샹이란 곳에 이 시대의 위대한 건축가인 르 코르뷔지에(Le Corbusier)가 2차 대전 때 폭격 맞은 예배당을 새로 지었는데, 12살 신형철 소년이 종탑을 붙잡고 울면서, '하나님 나도 이런 예배당을 하나님께 지어드리고 싶어요'라고 기도했다고 합니다. 그리고 그는 베르사유 대학 건축학과 교수가 되고 그의 기도와 여러분들의 헌신으로 한국에서 가장 아름답고 거룩한 교회가 지어지게 됩니다.

하나님 성전의 본질을 외면한 대형화와 웅장함이 아닌 거룩함, 하나님 품 안 같은 원형 구조로 인한 성도 간의 소통 공간, 폴리카보네이트 소재의 외관을 통해 하늘에서 내려오는 찬란한 빛 조각조각들, 그리고 건축에 대한 스토리텔링이 더해졌기에 방문객의 가슴은 '감동'으로 먹먹해졌습니다.

유난히 무더운 2018년 8월의 은혜로운 주말 나들이였습니다.

이우환Lee Ufan: 여백을 위한 서정

추석 연휴로 고향 부산에 와서 틈을 내어 부산 시립 미술관을 찾았다. 그곳에는 '이우환 공간'이 있기 때문이다. 지난해 일본 나오시마 안도 타다오의 이우환 미술관을 방문 후 기억 속 한편에 자리 잡고 있던 감흥을 불러일으켜 보고 싶었다.

야외 공간에는 자연에서 가져온 돌과 인공 구조물인 철판이 '관계성'에 관한 대화를 한다. 작가는 돌과 철판을 어떤 가능한 관계성 속에 두려고 수없이 많은 시도를 해왔다고 한다. 일본대학에서 철학을 전공하고 한평생 사유하고 고심했을 그의 예술 세계에 다가가기에는 심연 같은 깊은 간격을 느낀다.

내부에는 '점으로부터', '선으로부터', '대화', '조응' 등 익숙한 그의 작품들이 낯선 이방인을 맞이한다. 붓질의 방향에 따라 푸른 붓 결이 페이드 아웃되면서 무한을 경험하게 하고, 붓끝에서 또 다른 여백을 창조한다.

'대화' 작품은 각종의 서로 다른 붓들의 수차례, 아니 수십 차례의 절제된 덧칠로 넉넉한 여백을 선사한다.

여백을 위한 서정… 남겨둔 공간의 아름다움은 작가의 몫이 아닌 관람객 각자의 서정으로 채우는, 즉 보는 사람의 몫이 된다.
점은 선이 되고 이어 공간을 만들면, 남아있는 여백은 또 하나의 우주를 창조한다.

사족) 전시실 내 작품 앞에 긴 의자가 놓여 있으면 오랜 시간 앉아서 나를 비우고 그와 대화를 하면서 채우고 싶다.

요요 마, 그리고 실크로드 앙상블

앙상블(ensemble)의 사전적 의미는 전체적인 어울림이나 통일, 조화로 순화한다는 의미의 프랑스어이며 음악에서 2인 이상이 하는 노래나 연주를 말하는데, 요요 마 & 실크로드 앙상블은 첼로, 장구, 피리, 바이올린 등 동서양의 악기로 멋진 협연을 한다기에 기대를 품고, 잎 테두리부터 갈색으로 물들어가는 마로니에 나무가 도열한 예술의 전당을 찾았다.

20년 전 필자가 연수한 미국 Iowa city에 있는 Hancher Auditorium에서 그의 연주를 처음 접한 이후 차츰 그의 음악 세계에 대한 관심을 갖게 되었다. 그는 대학에서 인류학을 전공하였고, 남다른 인문학적 소양으로 음악을 통하여 동서양의 문화를 이해하고 분열된 인류의 마음을 연결해보겠다는 실크로드 프로젝트를 구상하게 된다.

서로 다른 성격과 영역을 가진 동서양 악기들의 연주가 조화를 이루려면 각자는 자기 소리를 내어야 하고, 때로는 내지 말아야 할 것이며 배려와 협업을 통해서 새로운 창의적인 음악이 탄생하게 될 것이다.

김동원의 장구 팡파르로 신선하게 막이 열린다. 관현악을 위한 바로크 음악의 아버지 요한 세바스찬 바흐의 무반주 첼로곡은 요요 마에 의해 아름답고 따뜻한 음악으로 재탄생된다. '아시아의 평화를 위한 자장가'는 한반도의 평화를 염원하는 한국인의 정서에 잘 맞게 청중의 마음을 사로잡는다.

서로를 받아들이고 이해하는 도구로 음악이 그 역할을 한다고 진지하게 얘기하는 요요 마는 협업을 통하여 새로운 음악 세계를 열고, 소통과 연결, 나아가 세계의 평화를 염원한다.

20년 만의 해후…. 세상 사람들이 왜 그를 아끼고 사랑하는지 이유를 알게 되고 그의 음악이 세계의 예술 자산임을 공감하게 된 10월의 어느 날 저녁이었다.

간송 전형필 선생과 마쓰카타 고지로

일본 동경 국립서양미술관에서 개관 60주년 기념으로 마쓰카타 컬렉션이 전시 중이다.

마쓰카타 고지로(1865-1950)는 1910년대 조선 및 물류 수송 회사를 창업, 1차 세계대전으로 인한 군수 물자 수송이라는 특수를 만나서 엄청난 부를 축적하게 된다.

축적한 부로 프랑스, 영국, 독일 등 유명한 화가의 그림과 조각품 등 1만여 점을 구매하는데, 2차 세계 대전이 종전되면서 프랑스와 일본이 적국이 되면서 프랑스 정부는 프랑스 내 마쓰카타의 미술품 재산을 압류

하게 된다. 압류를 풀어달라는 마쓰카타와 일본 정부의 거듭된 요청에 프랑스 정부는 조건부 반출을 허용하게 되는데, 수집한 미술품을 일본에 보관, 전시할 미술관을 짓는 조건을 내세운다. 이에 당대 최고의 건축가 르 코르뷔지에가 설계한 동경국립서양미술관이 1959년 개관하게 된다. 고흐의 '아를의 침실', 로댕의 '생각하는 사람', 모네의 '수련' 등 책에서만 보았던 유명한 명화 및 조각품 등이 이른바 '마쓰카타 컬렉션'이다.

마쓰카타와 대비되는 분이 간송 전형필 선생(1906-1962)이다.
그는 만석지기 거부였던 할아버지와 아버지가 일찍 타계하는 바람에 이십 대 초반에 지금 가치로 따지면 약 1조 원 정도 되는 막대한 유산을 물려받았다. 그는 휘문고등학교 선생이었던, 한국 최초의 서양 화가인 스승 고희동 님으로부터 독립운동가 위창 오세창 님을 소개받고 위창의 권유로 훈민정음 원본 같은 고서, 청자 골동품, 겸재 정선 그림 등의 문화재를 수집하게 된다.

주권을 빼앗긴 나라에 부자들이 여럿 있었겠지만, 그는 문화재를 지키고 일본에 반출된 문화재를 되찾아 오느라 노심초사, 그의 생과 재산을 바치게 된다. 마쓰카타는 전쟁으로 번 막대한 재산을 외국의 미술품을 구매하는 데 사용하였지만, 간송은 빼앗긴 나라의 문화유산을 지키고 되찾아 오는 데 그의 전 재산을 지출하느라 말년에는 경제적으로 궁핍할 정도에 이르렀다고 하니, 일제 치하와 한국 전쟁 혼란기에 민족 유산을 지키느라 겪었을 고통과 외로움을 생각하면 가슴이 미어진다.

그분 덕에 오늘날 우리 문화유산을 감상할 수 있음에 감사하며, 현재 간송 미술관의 시설이 열악하여 연 2회만 개방하고 있고 동대문 DDP 등지에서 기획전을 하는 현실이 안타깝다. 국가 차원에서 '간송 컬렉션'을 안전하게 보관하고 전시할 수 있는 공간과 시설 지원이 필요하리라 생각하며, 최근 한일 관계가 악화되는 시점에 간송의 혜안과 나라 사랑이 존경스럽기까지 하다.

한국에 있는 프리츠커상 수상자의 작품들

건축의 노벨상이라고 불리는 프리츠커상(Pritzker Prize)은 '건축 예술을 통하여 재능, 비전, 그리고 헌신의 뛰어난 결합을 보여주며 인류와 건축 환경에 일관되고 중요한 공헌을 한 생존 건축가에게 경의를 표하는 상'이다. 1979년 Jay A Pritzker가 제정하고 그 가문이 운영하는 이 상은 매년 하얏트 재단이 수여 하고 있으며, 2019년 올해에는 일본의 Arata Isozaki가 수상하였다.

한국에 있는 프리츠커상 수상자의 작품들을 수상 연도순으로 정리해보면, 먼저 백색의 건축가인 Richard Meier (1984)의 강릉 씨마크 호텔이 있다. 넓은 로비 큰 창을 통해 동해 앞바다를 안으로 끌어들이며,

나선형 계단의 조형미가 특이하다.

미술관은 작품을 전시하는 공간이지만, 한편으로는 전시된 작품보다 더 작품 같은 공간인 미술관이 있는데, 경기도 파주에 있는 포르투갈의 건축가 알바루 시자(Alvaro Siza (1992))의 미메시스 아트 뮤지엄이 그것이다. Mimesis의 의미는 '모방과 재현'이라고 한다. 건물 외벽의 곡선과 자연 채광이 하얀 벽면에서 눈부시게 만난다. 경북 군위의 사야 수목원 내 채플도 그의 종교건축 시리즈 중 하나이다.

Tadao Ando (1995)의 작품들은 서울 JCC 크리에이티브센터, 제주 본태 미술관 등 국내 여러 곳에서 만날 수 있다. 그의 작품 속에는 '빛'을 천장과 지붕 사이로 스며들게 하여 노출 콘크리트의 차가움을 '빛'의 따뜻함으로 어루만지고, 자연광인 '빛'으로 '어둠'보다는 '밝음'을 선사한다. 강원도 원주 뮤지엄 '산'에서는 물에 빠진 주변의 나무숲 그림자와 반사되는 '빛'으로 그의 건축 세계를 엿볼 수 있다.

하이테크 건축가인 이탈리아의 Renzo Piano (1998)의 작품으로 매끈하고 깔끔한 광화문 KT 사옥이 있다. 프랑스 파리의 3대 미술관 중 하나인 퐁피두센터가 그의 작품이다.

Rem Koolhaas (2000)의 작품으로는 불안정스러운 외관과는 달리, 내부는 수직적 동선에 안정감을 주는 서울대 미술관이 있고, 지난주 지인들과 찾은 리움(Leeum) 미술관이 있다. 리움 미술관은 특이하게도 세계적인 건축가 3인의 작품을 한곳에 모아 놓았는데, 역원추형의 고미술관은 스위스의 마리오 보타 작품이며, 현대 미술관은 프랑스의 장 누벨(Jean Nouvel (2008)), 그리고 삼성 아동교육문화센터는 네덜란드의 렘 쿨하스의 작품이다.

마지막으로 이라크 태생의 영국 건축가 Zaha Hadid (2004)의 작품인 동대문 디자인 플라자(DDP)가 있다. 실제 건축물로 재현하기엔 어려운 곡선의 창의적인 설계로 한때 그녀는 Paper Architect라고 불리었다고 한다. DDP는 수평적이고 유려한 곡선의 개방구조와 주위의 수직적 도시구조가 조화로우며, 벽체는 물결치듯 빛을 반사한다. 이곳에 오면 DDP의 슬로건처럼 '꿈꾸고'(dream), '만들고'(design), 그리고 '누리는'(play) 기분이 든다.

국내에 있는 프리츠커상 수상자의 작품들을 이 분야에 관심 있는 지인들과 틈틈이 찾아가 보는 것도 즐거운 일이다. 건축은 단순히 구조물을 짓는 것이 아닌 미술, 공학, 문화, 그리고 인문학이 결합된 종합 예술이라고 한다. 이웃 일본에서는 역대 8명의 수상자를 배출했지만 한국에서는 아직 한 명도 수상하지 못한 프리츠커상을, 국내 각 분야의 제반 여건들이 조성되어 가까운 시간 내에 국내 건축가도 수상하기를 기대해본다.

아내의 퇴임을 축하하며

몇 주 전부터 집에서 퇴임이 며칠 남아서 시원섭섭하다고 얘기하던 오늘이 드디어 왔네요.

초등학교 동창인 아내는, 33년간의 오랜 공직 생활을 통해 습득한 내공으로 가내 여러 현안들에 대해서 늘 합리적인 판단과 결정을 해서 저보다 현명하고 지혜롭다고 생각하였지만, 한편으로는 허술한 점들도 꽤 있어서 저는 가끔 아내에게 '백치미'가 있다고 얘기하곤 했습니다.

가정이 있는 여성으로 고위 공직자의 일은 매우 힘들게 보일 때도 있었고 어떨 때는 대신 역할도 해주고 싶을 때도 있었습니다. 하지만, 몸이 힘들더라도 지인들의 경조사, 직원들과의 대소사 모임에 솔선수범해서 마음을 전하거나, 참석하고, 또한 균형 감각을 갖고 있어서 어떤 결정해야 할 사안이 생기면 반대 의견을 들어보고, 반대하는 상대방 편에서 한 번 더 생각하고 결정하는 것들은 저에게는 참으로 배울 점들이었습니다.

아내의 힘들고 바쁜 공직 생활에 외조한 것이 있다면, 저 또한 무지하게 바빠서 주중에 일찍 퇴근한 적이 거의 없고 집에서 저녁 식사를 별로 하지 않아서 아내의 부담을 덜어드린 '영식님'이었습니다. 이제 7월부터는, 저도 바쁜 업무를 내려놓고 사랑하는 아내와 함께 인생 2막의 저녁이 있는 삶을 함께 살아보고자 합니다.

끝으로, 공직자로서 마지막 직장에서 소장이라는 중책을 대과 없이 잘 수행하는데 많은 성원을 해주시고 오늘 같은 훌륭한 행사를 준비하고 치러 주신 중앙전파관리소 직원 여러분들께도 감사드리며, 축하해주신 모든 분들의 행운과 행복을 빌겠습니다.
감사합니다.

Phocomelia (포코멜리아, 海豹狀肢症)!

의대생 시절 수업 시간에 들었던 그 병을 거의 40년이 지나 우연한 공연 무대에서 보게 될 줄이야…

독일에서 진정·최음제로 개발된 탈리도마이드(thalidomide)는 임산부의 입덧에 효과가 있다고 알려지면서 1950년 말 독일·영국 등지에서 임산부들이 복용하게 된다. 임신 초기에 복용 시 거의 대부분 태아에게 발생하게 되는 기형증으로, 팔, 다리의 발육이 되지 않아서 손, 발이 몸통에 붙어 있는 것처럼 보이는데 물개 모양이라고 해서 phoko(해표)와 melos(사지)의 합성어인 Phocomelia라 불리게 된다. 1950년대 말에서 60년대 초에 걸쳐서 탈리도마이드에 의한 기형아 출산이 유럽에서만

약 8천 명, 전 세계적으로 2만 명에 달했다고 한다. 약제를 개발한 제약 회사는 임신한 동물에서 약제의 안전성 실험을 하지 않았지만 당시 신약 개발의 가이드라인을 준수했다고 하여 논란이 되었고, 그 이후 신약 개발 시 안전성에 관한 기준이 더욱 강화되는 계기가 되었다.

어제는 여러 약속들이 겹쳤는데, 나머지 모든 것을 포기하고 아내와 강남의 어느 아트센터의 재즈 공연을 보러 갔다. 토마스 크바스토프(Thomas Quasthoff). 이름 외우기도 힘든 생소한 이름의 실력 있는 재즈 가수 공연인가보다 했는데, 그는 20세기 말, 21세기 초에 등장한 가장 뛰어난 베이스-바리톤 가수 중 한 명이라고 하며 세 번의 그래미상을 수상하였다고 한다.

공연이 시작되면서 뒤뚱거리며 입장하는 키 작은 가수와의 첫 만남은 경이로움 그 자체였다. 아… 40년 전 수업 시간에 들었던 포코멜리아를 가까운 데서 직접 보게 될 줄이야…

그의 공연을 들으며 먼저 떠오른 단어는 그릿 (GRIT, growth mindset, resilience, intrinsic motivation, tenacity)이었다. 신체장애로 인한 차별과 편견을 딛고 성장한 그는 그릿과 꿈을 이루기 위한 노력으로 역경을 극복하였을 것이고, 독일이라는 나라의 우수한 사회

안전망, 장애인에 대한 배려와 선진 교육 시스템이 그의 성장을 가능하게 하였을 것이다.

그런데, 무엇보다도 나를 사로잡은 것은 마치 빛이 자취를 감춘, 넓고 깊은 동굴에서 울려 퍼지는 것 같은 베이스 영역의 저음이었다. 정통 재즈부터 스티비 원더, 티나 터너, 그리고 존 레넌의 익숙한 멜로디의 노래를 넘나드는, 바닥 모를 한없는 심연 같은 그의 목소리에 흠뻑 취하다 보니 공연 두 시간은 훌쩍 지나갔다. 재즈 특유의 그루브가 없었다고 하지만, human voice로 낼 수 있는 각종 음들을 들려줬으며, 피아노, 더블 베이스, 그리고 드럼의 환상적인 원 팀(one team) 공연이었다.

오늘 공연의 theme은 'Nice 'N' Easy'라는데, 필자의 느낌은 'Fantastic 'N' Touching'… 환상적이고 감동적이었다.

아내의 재능

지난해 연말 정년퇴임하여 취미 삼아 뭔가 배우고 싶다고 하던 아내가 연초부터 주 이틀씩 북촌에 있는 도자기 공방을 다니더니, 즐거워하고 재미있어한다. 그런데, 2월 중순부터 거기서 만든 작품을 집에 가져 오는데, 그 수준이 예사롭지 않고 아내의 숨은 재능이 꽃피는 듯하다.

'도기'란 진흙을 주재료로 만들고 굽는 온도는 600~1200도인데 반해 '자기'는 돌가루에 점력이 있는 고령토 같은 흙을 함께 섞어서 만들고, 1,200도 이상 1,300도 중반에서 굽는다고 하는데, 솜씨 좋은 아내가 만들어 오는 그릇들은 '자기'인 듯하다.

첫 작품인, 사과 모양의 비췻빛 액세서리 합盒 은 천 년 전 도공의 작품인 듯 실물 같고 기품이 있다. '생활 명품(?)'인 밥그릇, 국그릇, 앞접시, 그리고 수저 받침대 등을 뚝딱 만들어와서 디자인의 탁월성으로 정면 승부한 포트메리온을 부엌장으로 밀어내고 식탁을 차지한다. 일상의 물건에 '아내의 노력과 수고'라는 의미가 부여되는 색다른 느낌을 갖게 한다.

연하고 진한 회색을 조합한 차분하고 묵직한 색감의 접시는 오래전부터 매일 쓴 것처럼 친숙하고, 고향 앞 바다색 같은 코발트블루 빛 매끈한 접시는 무슨 반찬을 놓아도 맛있을 것 같다. 늦잠 잔 주말 아침 하얀 머그컵으로 마시는 커피 라떼는 폴 바셋이 부럽지 않다.

아내는 지난 주말 원주 뮤지엄 산 Gift shop에서 예쁜 꽃병을 보더니, 이에 도전하겠다고 하고, 이어 백자 달항아리도 한번 만들어보고 싶다는 당찬 포부를 밝힌다. 배운 지 두 달밖에 되지 않는데, 장인의 그것 같은 명품(?)들을 만들어내니, 왠지 달항아리를 만들 수 있을 것 같은 기대가 된다.

이러다가 취미가 본업이 되지 않을까….

II. 여행의 색깔

빈센트 반 고흐의 흔적을 찾아서

Day 1

프랑스 아를Arles은 빈센트 반 고흐Vincent Van Gogh(1853~1890)가 1888년부터 15개월간 머물며 약 200점의 작품을 남긴 곳이다. 그의 발자취를 더듬기 위해 여행자 정보 센터에 가서 90분간의 가이드 워킹 투어를 신청했다. 중년의 프랑스 여자 가이드는 더운 날씨에 모직 모자를 눌러쓴 특이한 옷차림으로 첫인상이 썩 좋지는 않았으나, 고흐 그림을 프린트하여 군데군데 세워둔 표지판 앞에서 고흐가 사랑했던 아를에서의 흔적과 관련된 내용들을 열심히, 그리고 천천히 설명해주니 알아듣기 편하고 고흐의 그때 모습이 생생히 떠오르는 것 같았다. 생전에 그린 많은 그림들을 동생 테오에게 다 보냈으나 무슨 이유에서인지 그의 그림은 딱 한 점만 팔렸고, 테오에게 받은 넉넉지 않은 생활비로 궁핍하게 지냈다고 한다.

'론강의 별밤'을 그린 코발트빛 론강이 내려다보이는 곳을 지나면서 돈 매클레인의 'Vincent' 가사를 읊조려본다. 학창 시절 술 마시면 열심히 불렀는데, 이젠 술을 마셔도 가사가 제대로 기억나지 않는다.

"Starry, starry night
Paint your palette blue and gray
Look out on a summer's day
With eyes that know the darkness in my soul…."

'카페 밤의 테라스'인 노란 카페에 가보니, 문을 열지 않아서 노란색 차양을 배경으로 사진 찍는 여행객들만 북적인다. '아를의 방'을 그린 노란 집은 2차 세계 대전 때 파괴되고 재건하지도 않아서 그 흔적을 찾을 길 없다. 가이드에게 그가 노란색을 즐겨 쓴 이유가 압생트 술 중독으로 인한 Yellow vision에 따른 것이냐고 물었더니, 고흐가 그렇게 아름다운 파란색을 쓴 걸 보면 아닐 것이라고 했다.

귀를 자른 고흐가 입원했던 요양 병원은 전쟁을 거쳐 한참 시간이 흐른 후 고흐와 관련된 문화 공간으로 바뀌었지만, 그가 그린 정원과 건물은 표지판 속 그림처럼 그대로 남아 있다.

광기에 가까운 열정, 고갱과의 불화와 헤어짐, 발작과 환각… 결국에는 자살로 생을 마감했던 고흐, 이렇게 아름다운 그림들을 우리에게 선물로 남겼지만 정작 본인은 얼마나 괴롭고 힘들었을까 하는 생각이 든다.

Day 2

생 레미 드 프로방스Saint-Remy-de-Provence의 생 폴드 모졸 수도원을 찾았다. 이곳은 고흐가 아를에서 옮겨와서 1년간 입원했던 요양원으로, 여기서 '별이 빛나는 밤에', '아이리스' 등 유화 140여 점을 그렸다고 한다. 2층의 초라한 침실 내부를 둘러보고 아련한 감정을 느끼며, 쇠창살 너머 고흐가 즐겨 그렸던 정원과 여전히 하늘 높이 서 있는 사이프러스 나무, 제 자리를 지키고 있는 올리브 나무를 마치 그와 함께인 것처럼 물끄러미 내려다본다.

Day 3

고흐가 권총 자살할 때까지 70일간 있으면서 70여 점의 작품을 남겼던 오베르 쉬르 우아즈Auvers-sur-Oise에 가서 그의 마지막 흔적을 더듬어 보았다. '오베르 성당' 앞에서 그가 놓았을 캔버스 이젤 위치에 서서 함께 구도를 잡아보고, 동생 테오와 나란히 누워 있는, 해바라기 꽃 한 송이 덩그러니 놓여 있는 초라한 무덤을 보며 안타까움을 느낀다. 마지막 작품인, 어두운 분위기의 '까마귀와 밀밭'을 그린 곳은 그때처럼 지금도 찬 바람이 불고 있다. '오베르 시청사', 마지막 숙소였던 '라부 여인숙'을 둘러본 후, 그의 주치의였던 정신과 가세 박사의 집을 방문하고 나서니 세찬 비가 내린다.

이제는 그와 헤어질 시간…
'Vincent'의 후렴 구절을 떠올려 본다.

"And now I understand
what you tried to say to me
How you suffered for your sanity
How you tried to set them free…."

Day 4

파리 오르세 미술관에 가서 마지막으로 그의 그림과 조우한다.
'아를의 방', '론강의 별밤', '오베르 성당',…
특히 '론강의 별밤' 그림은 그의 강한 붓 터치와 강렬한 색감으로 인하여 그림 안으로 빨려 들어가는 듯한 느낌으로 한참을 바라보게 되고 깊은 감흥이 일어난다.

일찍 화가로서의 명성을 얻어 자신의 저택과 아틀리에를 갖추고 안정적인 좋은 조건에서 그림에 전념할 수 있었던 모네와 세잔과는 달리, 물감 사기도 어려울 만큼 궁핍했던 그, 모델을 구할 돈이 없어서 누구보다도 많은 자화상을 남겼던 그는 사후에라도 자신의 작품에 쏟아지는 전 세계인의 사랑과 자신을 만나기 위해 멀리서 찾아온 이국인의 방문객으로 지하에서 조금이나마 위안받을 수 있을지 모르겠다.

'톰 소여의 모험'의 고향을 찾아서

형제 많은 집 막내인 어린 시절, 형들로부터 물려받은 것으로 표지가 거의 너덜너덜해진, 붉은 무늬 표지의 50권짜리 세계 어린이 명작 소설은 좁은 집 방 한편을 늘 차지하고 있었다. 그중에서도 '소공자', '소공녀', '아라비안나이트', 그리고 마크 트웨인의 '왕자와 거지', '톰 소여의 모험' 등 손때 묻은 책들은 지금도 눈 감고도 꽂혀 있던 곳으로 손을 뻗쳐 집을 수 있을 것 같다.

가을비치곤 제법 세차게 내리는 빗속을 헤쳐가며 시카고에서 네 시간 반 만에 미시시피 강변의 미주리주 해니발Hannibal에 왔다. 이곳은 '톰 소여의 모험'의 작가인 마크 트웨인(Mark Twain, 1835~1910)이

소년 시절을 보낸 곳으로, 지금은 박물관이 된 그의 집안의 낡은 책상 위에 놓인 안경, 타자기와 비스듬히 빼어 놓은 의자는 조금 전까지 그가 앉아서 집필하고 있었을 것이라는 착각을 일으키게 한다. 잘 정비된 정원을 둘러보다가, 개구쟁이 톰이 어느 담벼락에다 페인트칠을 하면서 친구들과 장난을 쳤을까 생각하고, 소설 속으로 시공을 넘나들며 잊고 지내왔던 추억으로의 여행을 잠시 하기도 했다.

본명이 사무엘 랭그혼 클레멘스(Samuel Langhorne Clemens)인 마크 트웨인은 배를 띄울 수 있는 안전한 물의 깊이를 뜻하는 뱃사람 말에서 따온 필명으로, 이곳 Hannibal에서 보냈던 소년 시절과 미시시피강의 물길 안내원으로서 약 5년간의 경험이 여러 작품을 쓰는 데 많은 영향을 주었을 성싶다.

"20년 후 당신은 했던 일보다, 하지 않았던 일로 인해 더 실망할 것이다. … 탐험하라, 꿈꾸라, 발견하라"

도전과 탐험이 요구되는, 범람이 잦았던 거대한 미시시피강과 서부 개척의 관문인 미주리주에서 젊은 시절을 보낸 그는, 오늘날 어려운 상황에서 치열하게 살아가고 있는 젊은이들에게 도전 의식과 용기를 주는 명언을 남긴다.

그의 이름을 딴 동굴 Mark Twain Cave는 석회암으로 형성된 곳으로, 입구에 들어서자마자 동굴의 서늘한 한기가 접었던 소맷자락을 내리게 한다. 곳곳에 흐르는 투명한 지하수와 종유석은 태고의 신비를 간직한 채 현재에 이름을 느끼게 했고, 內耳의 복잡한 구조 같은 미로에 이르러서는 톰과 베키가 악당 Joe를 피해 도망 다닐 때의 다급했던 발소리와 거친 숨소리가 들리는 듯했다.

지금보다 더 상상력이 풍부하고 모험심이 많았던 유년의 기억 속에 색인된 소설의 고향을 찾는 즐거움은 그 무엇에 비할 수 있을까! 아침, 저녁으로 벌써 제법 추위가 느껴지는, 긴 겨울을 예고하는 Hannibal에서 짧은 여행 뒤 간직한 마음의 풍요로움을 고국의 지인들께 전하며, 안부 인사를 드린다.

계획과 달랐던 여행 일정

일리노이, 미주리 여행을 마치고 콜로라도 덴버Denver로 향하기 위해 I-70 번상 중간 기착지인 캔자스 주의 Junction City에 여장을 풀었다. 아…, 그런데 어제부터 Weather channel에서 덴버에 폭설 예보가 있더니, 오늘은 덴버에 8인치 눈이 내리는데, 지난 주말보다 30도 정도 기온이 떨어지고 도로 사정도 무척 안 좋다고 한다. 핼러윈 위크에 'treat or trick'을 외치는 아이들 추워서 고생하겠다.

'Today', 'Take Me Home, Country Roads', 'Rocky Mountain High', 'Annie's Song' 등 주옥같은 노래를 불렀던 가수 존 덴버(1943~1997)가 콜로라도 덴버의 아름다운 자연 풍광에 매료되어 이름마저 덴버로

바꿨다는 곳이기에 한번 가보고 싶어서 여행 경로를 짰는데….

본래 덴버를 거쳐서 그랜드 캐니언으로 가는 일정이었기에, 예상치 못한 악천후로 우회 루트를 선택해야만 했다. 구글 지도를 통해 선택한 길은 캔자스, 오클라호마를 지나서 뉴멕시코 Santa Rosa에서 1박하고, 앨버커키Albuquerque를 거쳐서 가는 루트이다.

"A million tomorrow shall all pass away.
Ere I forget all the joy that is mine, today.
I'll be a dandy and I'll be a rover.
You'll know who I am by the songs that I sing."

아내와 'Today'를 합창하며 9시간 동안 두 시간씩 번갈아 운전하여 뉴멕시코 산타로사에 도착했다.
미국에서 거의 운전대를 잡아보지 않았던 아내는 소심한 나보다 더 과감하고 능숙하게(?) 운전하였기에 조수석에 앉아서는 손에 땀을 쥔 채 마음을 졸였더니 직접 운전한 것만큼이나 피곤하였다.
그래도 9시간을 번갈아가며 운전하니 사뭇 동지애를 느낀다.

그랜드 캐니언 소고小考

그랜드 캐니언Grand Canyon은 애리조나 주 북서부의 고원지대가 콜로라도강에 침식되어 생긴 거대한 협곡으로 그 깊이가 최대 1.5km에 달하며, 협곡과 고원으로 이루어진 전체 길이는 약 450km에 이른다고 한다. 영국 BBC 방송이 선정한, 죽기 전에 가 보아야 할 50곳 중 1위를 차지했고 매년 6백만 명이 넘는 방문객이 찾는 이곳은 내가 가고 싶은 버킷 리스트 중 한 곳이기도 했다.

그랜드 캐니언 사우스 림South Rim 입구 쪽 마을에 서구에서 제일 좋은(?) 호텔인 베스트 웨스턴 호텔에 여장을 풀고 2박 3일간의 일정을 시작하였다.

첫날 오후, 사우스 림의 데저트 뷰까지 드라이브를 한 후, 되돌아오면서 Yaki point, Moran point 등 여러 포인트마다 차에서 내려서 바라보고 사진 촬영도 했는데, 그랜드 캐니언을 처음 접한 순간에는 그 장엄함에 감흥을 느낀다. 그런데, 이후 여러 포인트에서 보이는 뷰들이 비슷비슷하다고 느껴지며 점차 감흥이 줄어들고, 협곡과 주변 고원은 마치 미라가 된 거대한 공룡이 누워 있는 형상인 듯했다.

다음 날 아침, 전날과 반대 방향인 허미츠 레스트Hermits rest 방향으로 가는 버스를 타고 Powell point, Hopi point, Mather point 등에서 내려 경관을 둘러보니 협곡은 어제와 다른 빛깔로 카메라 렌즈에 잡힌다.
특히, 밝음과 어두움이 서로 힘겨루기를 하는 일몰 시점에 와서는 붉은빛 노을이 고원 위에 얹힌 희미한 파란 하늘 위를 누르고, 지층의 색깔은 황갈색과 연한 보라색으로 변해가며 협곡이 어둠의 면사포를 끌어당기면서 자취를 서서히 감추는 모습은 장엄함과 아름다움 그 자체였다.

미국의 그로페(Ferde Grofe, 1892~1972)는 신비롭고 환상적인 그랜드 캐니언의 절경을 묘사한 '그랜드 캐니언 조곡'을 작곡하였고, 이 곡은 토스카니니가 자주 연주해서 유명해졌다고 하는데, 나는 그 음악을 들어 본 적이 없다. 하지만, 장중하고 아름다운 그랜드 캐니언 앞에서는

80년대 초 피아니스트 서혜경 님이 열정적으로 연주한 라흐마니노프의 피아노 협주곡 2번이 연상되었다. 몇 년 전 언론에서 그녀가 유방암 투병 중이라는 안타까운 기사를 본 적이 있는데, 이후 쾌유했으리라 믿는다.

3일째 아침 햇살을 받으며 또 다른 빛깔과 모습으로 치장한 그가 길 떠나는 여행객을 배웅하며 다시 다가왔기에, 같은 포인트에서 차를 세워 다시 한 번 눈을 맞추며 인사를 나누었다.

하루에도 시시각각으로 빛깔이 변하며 다른 멋진 모습을 보여줬기에, 첫날 오후 한 시점에서 느낀 감정의 경솔함을 스스로 책망하였다. 그는 거대한 미라가 아닌 현재 진행형으로 진화하며 살아 숨 쉬고 있는 생명체였다. 오늘처럼 가을이 아닌 다른 계절에는 또 다른 모습으로 낯선 여행객의 카메라 앞에 당당하고 자신 있게 서리라.

기억의 소환

기억의 앨범 속에 소중히 간직하고 있었던 사진 중 하나는 국민학교 시절 교과서에서 보았던, 커다란 나무 밑으로 자동차가 지나는 미국 요세미티 국립공원Yosemite National Park 사진이었다. 드디어 연간 4백만 명이 방문한다는 요세미티 국립공원에 도착해서 Visiting center를 찾았다. 여직원에게 기대 반, 설렘 반으로 나무의 위치를 물어보니, "It was fallen in mid seventies."라는 답변으로 기억의 소환을 쿨하게 차단하며, 거대한 세쿼이아 나무들을 보려면 마리포사 그로브Mariposa grove에 가 볼 것을 권한다.

둘째 날 아침 일찍 공원으로 나서니, 거대한 화강암 바위인 엘 캐피탄

El Capitan, 그리고 둥근 공 형태의 바위를 반으로 자른 것 같은 하프 돔Half Dome이 대단한 규모와 위용을 뽐낸다. 바위 절벽과 울창한 숲을 에워싼 바람은 서로 밀고 당기면서 노랗게 물든 단풍나무 숲길을 산책하는 여행객의 들숨으로 시원하고 깨끗한 공기를 불어 넣는다.
길가에서 숲을 향해 무언가를 쳐다보는 사람들이 모여 있어 가보니, 나무 위에 야생 곰black bear들이 보이고 사슴들은 사람을 전혀 무서워하거나 피하지 않고 유유히 먹이를 먹고 도로를 횡단한다.

늦가을에는 수량이 적어서인지, 면사포 폭포Bridalveil fall는 숙소에 걸린 사진 같은 하얀 물보라를 내뿜지 않아서 신부의 면사포 같지는 않고, 미러 호수Mirror lake도 물이 다 말라 있어 기대했던 경치를 찾아볼 수는 없었다. 하지만, 밸리뷰 포인트에 있는 계곡물에 비친 하늘, 구름, 그리고 하프 돔 그림자들은 서로 마주 보는 데칼코마니처럼 멋진 절경을 만든다. 누군가 '아름다운 것을 아름답다고 느낄 때 행복하다'고 했던가! 기암절벽, 폭포, 단풍, 파란 하늘 등이 조화를 이룬 만추의 아름다운 요세미티에 오니 행복하다는 기분이 든다.

셋째 날 오전, 마리포사 그로브에 가서 수령이 천 년 이상 된 하늘을 가리는 거대한 세쿼이아 나무들 사이로 기억의 앨범 속에 새겨 두었던 나무가 가뭇없이 사라진 것을 아쉬워하며 여유로운 산책을 한 후, 다시 돌아 나와 엘 캐피탄 바위가 올려다보이는 곳에 차를 세우고 점심 장소를 물색하니 밑동이 잘려 자연적으로 만들어진 원목 식탁(?)이 눈에 들어온다.

숲속 나뭇가지 사이로 스며든 햇살을 등에 이고, 선선한 바람결에 흩날리며 떨어지는 아름답게 물든 낙엽들을 보면서 지난 2박 3일간의 요세미티와의 짧은 만남을 되돌아보았다.
아, 언제 이곳에 다시 와 볼 수 있으려나…

여행의 색깔

지난 10월 23일 시카고 오 헤어 공항에 도착해서 렌터카로 4,000여 마일을 주행한 끝에 샌프란시스코 공항 라운지에 와서 지난 24일간의 여정을 정리해본다.

시카고, 미주리 주 해니발과 레이크 오작Lake Ozark을 거쳐 캔자스 주 정션 시티에 와서는 예정하였던 콜로라도 덴버 방문이 폭설로 어려워져, 남쪽으로 9시간을 운전하여 뉴멕시코 산타로사까지 이동, 다음날 앨버커키의 샌디아 피크Sandia Peak에 올라가 보고, 그랜드 캐니언, 앤텔로프 캐니언, 홀스슈 밴드, 라스베이거스, 로스앤젤레스, 요세미티 국립공원, 레이크 타호, 그리고 샌프란시스코에 이르기까지의 여정들이

주마등처럼 스쳐 지나간다.

여행지에서 접했던 색깔들은 어땠을까?
만추의 시카고에서 단풍나무들과 잘 어울렸던 코발트빛 파란 하늘,
미주리 주 해니발의 마크 트웨인 cave 안의 칠흑 같은 어두움,
캔자스 주를 지날 때 차창 너머 보았던 잿빛 하늘, 밤새 내린 freezing rain과 성에로 하얗게 얼어붙은 차창,
앨버커키 샌디아 피크에서 석양과 저녁노을로 신비하게 물들어가던 돌산 바위들,
하루 중 시점에 따라 카멜레온처럼 변해가던 그랜드 캐니언의 지층 색,
스며드는 빛의 세기와 양에 따라 황갈색에서 꽃분홍색 등 다양한 얼굴로 만났던 앤텔로프 캐니언,
불야성 라스베이거스의 화려하고 환상적인 야경,
로스앤젤레스 숙소에서 내려다본 하얀 안개로 덮인 마을,
요세미티의 맑은 계곡물을 노랗게 혹은 갈색으로 물들인 단풍과 낙엽,
레이크 타호로 가는 길가의 짙은 녹색의 침엽수림과 몽환적인 에메랄드빛 호수,
그리고 샌프란시스코의 파란 바다와 잘 대비되는 빨간 금문교 등 수많은 빛과 색채의 향연을 접하고 즐겼다.
이 중 마크 트웨인이 '지구상에서 가장 아름답고 천사의 숨결 같다'고

극찬한 맑고 깨끗한 에메랄드빛 레이크 타호가 기억에 남는다.

호수의 유일한 섬인 파넷 섬Fannette island을 보며 윌리엄 예이츠(1865~1939)의 시에 나오는 이니스프리Innisfree 섬이 이런 모습이었을까 하고 상상해본다.

"일어나 지금 가리, 이니스프리로 가리
가지 얽고 진흙 발라 조그만 초가 지어
아홉 이랑 콩밭 일구어, 꿀벌 치면서
벌들 잉잉 우는 숲에 나 홀로 살리
(중략)
일어나 지금 가리, 밤에나 또 낮에나
호수 물 찰랑이는 그윽한 소리 듣노라
길에서도, 회색 포장길에 선 동안에도
가슴에 사무치는 물결 소리 듣노라"

좋은 글이 담긴 책을 읽으면 책을 덮고 나서도 그윽한 문향文香이 주위를 맴돌고 가슴속으로 은은히 퍼지듯, 여행을 마친 후에 방문했던 곳들의 색깔은 옛 이슬람식 성당의 모자이크 벽화처럼 여행객의 기억 속에 아름답게 새겨진다.

III. 의변잡기 醫邊雜記

존엄스러운 임종을 위하여

필자의 전공의 시절인 1980년대 중반에는 회생 가능성이 없는 말기 암 환자를 앰부(AMBU, air mask bag unit) 배깅(bagging)하면서 집에 모셔다드리는 일이 가끔 있었다. 당시만 해도 집 아닌 곳에서 사망하는 것을 객사(客死)라고 하고, 이를 꺼려하여 집에서 임종을 맞이하는 분들이 한해 사망자의 약 75%를 차지하였다. 그러나 2017년 통계에 의하면 국내 한해 사망자 수는 약 28만 6천 명인데, 이 중 76.2%가 가정이 아닌 의료기관(병의원, 요양병원 등)에서 임종을 맞이하고 있으며, 의료 기관 사망 비율은 매년 증가하고 있다. 의료 기관 사망 비율의 증가 원인은, 첫째, 임종을 기다리는 말기 암 환자가 퇴원을 해서 거주하는 집으로 옮기면 까다로운 법 규정으로 말기 암 환자에게 필요한 마약성 진통제를 수시로 투약할 수 없고, 왕진제도가 없어진 국내에서는 집에 있는 환자에게 '돌봄'을 제공할 수 없는 현실이 원인이 될 것이다. 둘째, 핵가족화되면서, 1~2인 가구가 늘어나게 되어 환자를 간병할 인력이 없다는 것도 집으로 돌아가지 못하는 이유가 되며, 집에서 돌봄을 받더라도 암 질환 등 4대 중증질환의 병원비가 본인 부담 금액의 약 5%로 줄어드니 경제적인 이유도 한 원인이 될 것이다. 셋째, 진료를 받던 대형 병원의 여러 가지 편의성 때문에 임종 기간을 보내고 그 병원 장례식장까지 이용하게 된다는 것이다.

최근 언론 보도에 따르면 일본은 의사의 왕진 건수가 연 1,000만 건에 이르고 방문 진료를 받는 환자는 한 달 평균 35만 명에 달한다고 하니, 고령화 사회에 접어든 한국에서도 거동이 불편한 노인 환자 및 말기 암 환자를 위한 왕진 제도의 시행과 정착이 필요하다고 하겠다.

의료기관 사망 비율이 증가함에 따라 대부분의 임종 과정이 병원 내에서 일어나게 되니, 연명의료란 개념이 생기고 그 문제점들이 드러나게 되었다. 연명의료란 임종 과정에 있는 환자에게 심폐소생술, 혈액 투석, 항암제 투여, 혹은 인공호흡기 적용 등의 의학적 시술을 통해 치료 효과 없이 임종 과정의 기간을 연장하는 것으로 정의하고 있다. 국내에서는 2018년 2월부터 '호스피스·완화의료 및 임종 과정에 있는 환자의 연명의료 결정에 관한 법률'(약칭: '연명의료 결정법')이 시행되었고, 우리 병원에서도 연초에 '연명의료 윤리위원회'가 구성되어 필자가 위원장을 맡아서 여러분들의 도움으로 필요한 각종 서식을 준비하고 원내 교직원들 대상 교육을 실시하였다. 또한 실제 임종 과정에 있는 환자들의 연명의료 결정(중단 혹은 유보)에 대해 논의를 진행하고 있으며, 임종 과정에 있는 환자의 연명의료 중단 결정에 대한 사례 논의를 위하여 워크샵을 개최하였다.

실제 법 시행 후 여러 사례들을 겪어 보니, 회생 가능성이 없는 상태가 되었을 때 본인은 무의미한 연명의료를 받지 않겠다고 하지만, 막상 환자의 가족이 되어서 같은 상황이 되면 연명의료 중단 결정을 내리기 어려움을 알 수 있었다. 또한, 필자가 말기 암 환자의 가족들과 향후 병의 예후에 대해서 대화를 나누다 보면, 가족들이 환자에게는 정확한 상태를 설명하지 말라거나, 환자에게는 '말기'임을 비밀에 부쳐달라는 요청을 받게 된다. 즉, 연명의료에 대하여 환자 및 가족, 그리고 의료진 간에 갈등이 가끔 생기는데, 이는 한국인의 죽음에 대한 정서와 문화상 말기 암 환자에게 '말기'임을 알리는 것이 정신적인 고통과 절망감을 주어 부정적인 영향을 미친다고 인식하고 있기 때문이다. 게다가 연명의료 결정에 대한 가족 간의 책임 회피 및 보라매병원 사건 이후 의사들의 방어 진료 등으로 인해 연명의료 중단 결정을 하지 못하는 경우도 발생한다.

이제 연명의료와 관련한 여러 법규도 제정·시행되었으므로 그동안의 연명의료 사례 분석을 통하여 규정을 보완할 점은 없는지, 임종을 앞둔 환자에게 사실을 알리고 죽음을 준비할 수 있는 시간을 갖게 할 것인지에 대하여 고민하고 논의할 시점이 되었다고 생각한다.

또한, 임종을 앞둔 환자나 보호자들은 다가올 죽음을 준비하고 경건하고 존엄스러운 죽음을 맞기 위해서 심폐소생술이나 인공호흡기 적용 같은 무의미한 연명의료 중단 여부의 결정에 대하여 의료진과 충분히 의견을 나누어야 할 것이고, 의료 기관에서는 비록 수익성이 낮더라도 전용 임종실을 두어 임종을 맞이하는 환자와 그 가족에게 경건한 애도 분위기를 제공해야 할 것이다. 또한 관계 기관에서는 지역 보건소 혹은 1차 의료기관 의료진의 왕진 혹은 원격 진료를 제도화하여 노인 환자 및 말기 환자에 대한 지속적인 '재택 돌봄'을 통하여 평소에 자신이 거주하던 곳에서 경건하고 존엄스러운 임종을 맞이하도록 사회적인 분위기를 조성해야 할 것이다.

카자흐스탄 플랫폼 클리닉 개원식 출장을 다녀와서

일요일 저녁 출국하니 카자흐스탄 알마티에 현지 시각 밤 10시에 도착하고 호텔에 여장을 풀었다. 내일 새벽에 눈이 내리고 영하 15도까지 내려간다는 일기 예보를 접한다.

다음날 아침 호텔 창문 커튼을 걷으니, 창문 아래 내려다보이는 도시는 설국이 되어 있다. 첫 공식 행사로 아스펜디야로프 국립의과대학 누르고진 탈갓 총장을 접견하고, MOU를 체결하였다. 대학은 개교한 지 88년이 되었는데, 자체적인 부속 병원이 없는 것이 특이하다. 부총장이 우리 일행에게 대학 역사를 설명하였는데, 박물관이 잘 구비되어 있어서 부러웠다. 한국의 많은 대학병원이 이곳을 찾아와서 MOU를 체결하고 사진을 찍었을 것인데, 양 기관 간 지속적인 발전과 관계 유지를 위해서는 상호 간의 신뢰가 구축되어야 하고 이를 위해서는 진정성 있는 협력과 소통이 필요할 것이다.

오후에는 케루엔 병원에서 주알마티 대한민국 총영사, 한국보건산업진흥원 관계자, 케루엔 병원 원장 등 많은 주요 인사들이 참석한 가운데, KMCA(Korea Medical Center Almaty) 플랫폼 클리닉 개원식을 개최하였다. 행사를 마치고 병원 내부를 둘러보았는데, 생각보다 내부 공간 및 시설 환경은 우수하였다. 차츰 환자 수가 늘고 있다고 하지만, 지난 3개월간 수술 건수는 세 건에 불과하고 한국으로의 환자 송출은 두 건 있었다고 한다. 한국과 원격의료 시스템을 재정비 및 활성화하고, 홈페이지 및 유튜브 등을 통하여 홍보가 더 필요하겠다. 지역 의사 간 네트워크 구축을 위한 정기적인 집담회 개최 등을 제안하였다.

출장 3일째인, 마지막 날에 Korea-Kazahstan Oncology Symposium을 개최하였다, 한러 순차 통역을 하니, 축사하는데도 15분 정도 걸린다. 소화기 내시경, 유방암, 부인암 분야 강의를 준비했는데, 참석 인원이 30명 남짓으로, 예상보다 적어서 아쉬웠다. 내년에 2회를 개최하게 되면 심포지엄 주제를 좁히고 행사 장소를 국립의과대학에서 하면 어떨까 제안하였다. 젊은 의사를 위한 교육 프로그램을 운영하여 카자흐스탄 보건 의료서비스 수준을 올리는 데에도 노력해야 할 것이다.

많은 것을 느꼈던 3박 4일간의 베트남 출장

강남세브란스 암병원장으로 재임 시 추진했던 해외 사업들 중 하나인 베트남 하노이 출장은 준비 과정에서 우여곡절이 많았지만, 그 일정을 비교적 순조롭게 마치고 귀국편 항공기에 몸을 실으니, 지난 3박 4일간의 일정들이 주마등처럼 스쳐 간다. 이번 출장의 목적은 베트남 하노이의 대표적인 2개 병원을 방문하여 강의를 하고 의료진들과 좋은 유대관계를 맺으며, 베트남의 젊은 의사들에게 세브란스병원의 선진 의료 시스템과 의료 기술에 대한 연수 기회를 제공하는 프로그램을 소개하는 것이었다.

첫날, 이번 3월부터 새로이 암병원장을 맡은 장항석 교수, 본 행사 일정

등을 준비하고 조율한 올리브 헬스케어 L 대표와 함께 저녁에 인천에서 출발하여 현지 시각 21시 40분에 하노이에 도착하였다. 한국과 시차가 두 시간이다. 인구가 약 750만 명인 하노이는 습도가 높고 후덥지근한 느낌이며 공항 내 많은 사람들로 복잡한 느낌을 갖게 한다. 숙소인 L 호텔에 여장을 풀고 일행들과 하노이 비어를 마시며 내일 일정에 대하여 간단한 미팅을 가진 후 잠자리에 들었다.

둘째 날, 오전은 공식 일정이 없어서 아침에 호텔 뷔페에서 쌀국수 '퍼'를 먹고 휴식 후 호텔을 나서니, 도로를 채운 수많은 오토바이들의 분주한 행렬과 도로 바닥의 중앙차선이 별로 의미가 없는 중앙선 침범이 일상인 주행이 신기하기까지 하다. 오토바이에 세 사람씩 타기도 하고, 내가 모르는 무슨 룰이 있는 듯 접촉 사고도 없이 잘들 피해 다닌다.

점심으로 오바마가 좋아했다는 '분짜'라고 하는 음식을 먹기로 해서 좁은 골목길에 위치한 허름한 식당을 찾았다. 가파른 계단을 통해 3층에 올라가야 빈자리가 있을 정도로 많은 손님들로 북적대는 '분짜닥킴'이란 식당이다. '분'은 쌀국수면, '짜'는 숯불에 구운 돼지고기 완자라고 한다. 분짜를 맛있게 먹고 방문한 곳은 1911년에 개원한 1,400병상 규모의 Bach Mai 병원이다. 무표정하고 고압적인 태도의 병원 경비 직원들에게 안내를 받고 병원에 들어서니, 많은 환자들이 시골 역 실외 대합실 같은 곳에서 불평 없이(?) 앉거나 서 있다.

병원 관계자들과 방문 목적과 상호 협력에 대하여 의견을 나눈 후, 의사들 대상으로 치료내시경 강의를 하였다. 영어로 강의하면 베트남어로 통역을 한다. 수강 태도가 매우 진지한 젊은 의사들에게 강의 후 질문들을 받고 대답하니, 한 시간 반이 훌쩍 지났다. 젊은 의사를 암병원에 연수 보내고 싶다는 요청을 받았고 한국에 돌아가서 체재 비용 지원 등 구체적인 규정을 정한 후 추진하기로 약속하였다.

강의 후 내시경실과 병실을 구경시켜준다고 엘리베이터를 타는데, 환자와 보호자들을 제지하고 우리 일행만 타게 한다. 하루에 내시경을 300건 한다는데, 우리나라 70년대가 그랬을까…. 시설이 꽤 낙후되어 있다. 다인실 병실에는 한 침대에 두 사람이 서로 반대 방향으로 거꾸로 누워 있는 병상들도 있어서 병원 내 감염이 걱정스러웠다. 이후 하노이 108 군 병원 Khien 교수가 초청하여 베트남식 Sea food 음식점에서 저녁 식사를 하였다. 치킨, 바나나, 그리고 두부를 함께 넣고 끓인 찌개 요리가 일품이었다. 베트남 음식이 의외로 입맛에 맞는다.

셋째 날, 오전 9시, 지난해 12월에 오픈한 2천 병상의 현대식 새 건물 2개 동을 자랑하는 하노이 108 군병원을 방문하였다. 소화기내과 의사들을 대상으로 한 시간 강의 후 이번 출장의 공식 일정을 마쳤다. 이후 하노이에 종합예술대학을 설립한, 서울 팝스 오케스트라단 H 단장을 만나서 학교를 둘러보고 박항서 감독이 다녀갔다는 Rice Bistro 식당에 가서 점심 식사를 하였다. 처음 먹어 본 망고 샐러드, 베트남식 부침개인 반쎄오, 찹쌀밥 등 음식 맛이 예술이다. 식사 후 L 마트에 가서 베트남 특산품인 커피와 캐슈넛을 쇼핑하고 호텔 근처 호숫가를 산책하였는데, 미세 먼지가 심해서 산책은 잘못한 선택이었고, 무수한 오토바이와 차들을 피해서 건널목을 건너는데 익숙지 않은 여행객에게는 살벌한 느낌이 들었다.

저녁은 어제 강의한 Bach Mai 병원의 소화기내과 Dr.Thanh의 초청으로 프랑스식 건축 양식의 고급 식당에서 베트남 코스 음식을 먹었다. 아… 이번 여행은 강의 출장이 아니고 먹방 투어인가 하는 생각이 들 정도로 다양한 베트남 음식들을 많이 먹었는데, 모든 음식이 맛있고 환상적이었다.

넷째 날, 일요일은 낮 12시 비행기로 귀국하기에 아침 일찍 나와서 면세점에서 쇼핑을 한 후, 다음에 오게 되면 이번에 못한 관광 여행을 하리라 다짐하며 귀국편 비행기에 몸을 실었다.

베트남은 인구 9천7백여만 명에 65세 노령 인구가 6.1%에 불과한, 젊고 다이나믹한 나라이다. 3박 4일이라는 짧은 기간 동안 만났던 하노이 젊은 의사들은 순박하고 배움에 대한 욕구가 대단했다. 병원은 새 건물들이 들어서고 현대식 의료 장비도 도입하는 등 하드웨어를 갖추기 시작하지만, 보건 의료 서비스에서 더 중요한 것은 의료 시스템 등 각종 소프트웨어와 우수한 인력 양성이라는 휴먼웨어일 것이다. 향후 이런 부분에서 많은 발전이 필요할 것이며 이번 출장을 계기로 연세의료원과 강남세브란스 암병원이 베트남 의료수준의 성장에 중요한 역할을 할 수 있으리라 기대한다.

Medical Tourism에서 Global Health Care로

지난 1월 강남세브란스 암병원에서 'Medical tourism & Global healthcare'를 주제로 제2회 헬스케어 컨퍼런스를 개최하였는데, 국내 전문가들을 초청하여 강의를 듣고 유익한 정보 교환과 토의를 하였다.

첫 번째 세션의 주제는 Medical tourism으로, 국내 의료관광 현황(연세대 진기남 교수), 외국인 환자 유치업체 현황 및 이슈(아스클레 인터메드 이황 대표), 그리고 외국 의료인 연수 사업(연세대 박관규 교수)이란 소주제의 강의가 있었고, 두 번째 세션의 주제는 Global healthcare로, 의료시스템의 해외 진출 및 지원 정책(한국보건산업진흥원 배좌섭 단장), 의료분야 IT 수출 전략 및 사례(서울대 황희 교수)에 대한 강의가 있었으며 그 외 연세의료원의 해외 사업 소개가 있었기에 이를 정리하고자 한다.

1. Medical tourism

1) 국내 의료 관광 현황

한국보건산업진흥원에 따르면 2009년 한국을 찾은 외국인 환자는 139개국 6만여 명이었지만 2016년에는 36만여 명까지 늘어났다. 2017년에는 사드 여파로 잠시 주춤했지만, 2018년에는 다시 증가하여 190개국에서 40만 명에 육박하는 외국인 환자가 한국을 찾은 것으로 파악되었다. 성형 수술과 피부 미용이 주종을 이루었던 의료 관광에서 수년 전부터는 암 질환, 장기 이식 등 중증 난치성 질환에 대한 치료를 받으러 오는 외국인 환자가 점차로 증가하여서 2017년 의료 관광으로 내원한 외국인 환자 중 내과 분야 진료가 8만여 명으로 가장 많았으며 그다음으로 성형외과, 피부과, 건강검진 순이었다.

글로벌 환자 서비스 연례보고서에 따르면 의료관광산업 시장 규모는 2018년 325억 달러(약 37조 원)로, 향후 계속 성장해서 2025년에는 993억 달러 (약 100조 원)까지 커질 것으로 전망된다. 2009년 외국인 환자 진료 수입은 총 547억 원이었지만 2016년 8,606억 원으로 가파른 증가세를 보이며, 2018년은 연간 1조 원대의 시대를 열었다. 그러나 국내 의료관광 수입액 1조 원 규모는 세계 의료관광 시장의 약 2.7%에 불과하여 그만큼 성장 가능성이 크다고 하겠다.

2) 외국인 환자 유치업체 현황 및 이슈

2018년도 외국인 환자 유치 의료기관 등록 수는 1,914개, 유치업자는 1,514개로 서울 지역이 각각 57.9%, 64.5%를 차지하고 있다. 유치업체의 주요 업무는 의료 기관의 컨설팅, 의료기관 해외 홍보 및 마케팅 대행, 외국인 환자 유치 알선 사업, 그리고 정부 과제 용역 진행 등이 있다.

유치업체의 활동 결과를 분석해보면, 첫째, 애로 사항 및 지원 방안에 대한 컨설팅 결과에 따르면, 해당 국가의 언어 문제, 전문 인력의 부족, 음식 재료/식당의 부족, 문화에 대한 이해 부족, 그리고 홍보 마케팅의 어려움 등이었다고 한다. 즉, 특정 국가에 대한 교육 프로그램 및 통역 인력 지원 서비스 요구가 높게 나타났으므로, 의료 기관에서는 자체적으로 교육 프로그램을 구축해야 할 것이고, 홍보대행, 픽업, 통역 및 간병인 서비스 등은 유치업자와 네트워크 지원 서비스 관계를 구축해야 할 것이다. 둘째, 의료 기관 해외 홍보 및 마케팅은 대행을 하므로 의료 기관들은 직·간접적으로 온라인 및 오프라인 마케팅을 통하여 글로벌 네트워크를 구축해야 하며, 셋째, 외국인 환자 유치 알선 사업으로 의료

기관과 유치업체, 혹은 정부와 컨소시엄을 구성해서 쇼핑, 관광, 문화체험 같은 non-medical service를 포함한 프로그램을 개발하는 것 등이다. 즉, 의료기관에서 충족하지 못하는 진료 외적인 홍보, 마케팅, 그리고 지원 서비스 등과 같은 외국인 환자 유치업체에서 가능한 고유 영역의 업무가 있을 것이므로 의료 기관과 유치업체는 서로 윈-윈 할 수 있는 파트너십 관계를 구축하는 것이 바람직할 것이다.

3) 외국 의료인 연수 사업

외국 연수 지원 프로세스는 지원서에 따른 임상과 혹은 센터의 승인 후 비자 발급 지원, 숙박, 보험, 외국인 등록증 취득 등 행정적인 업무가 있으며, 연수를 시작하면서 거주지 등록, 명찰 제작, 가운 대여, 라커룸 제공, 병원 생활 안내, 그리고 한국 생활 안내 교육 등이 필요하다. 연수를 제공하는 해당과 과장 및 과원들에게 교육 일정을 공유하고 수료 후 피드백을 받도록 한다. 강남세브란스 암병원에서 매년 개최하고 있는 카자흐스탄 젊은 의료진을 위한 마스터 클래스 및 베트남 의료진 대상의 연수 지원 시스템 등도 외국 의료진 연수 교육의 좋은 예라고 생각한다.

한국보건산업진흥원에서 주관하고 있는, 외국 연수생 지원 프로그램인 메디컬 코리아 아카데미 등을 활용하면 일부 경비를 지원받을 수 있으며, 최근 조성된 '세브란스-카자흐스탄 국제의료 공공펀드' 기금은 카자흐스탄 보건·의료 교육 프로그램 전수 등 학술 지원활동과 의료 시스템 운영에 대한 자문 활동에 사용된다고 하니 기관 차원의 관심과 지원이 필요하겠다.

2. Global Healthcare

1) 의료 시스템의 해외 진출 및 지원 정책

국내 의료 시장은 의료 기관 간 치열한 경쟁과 건강보험 급여 확대 등으로 수익성이 악화되어왔고, 해외 환자 유입을 통한 새로운 수익 창출과 환자 유치를 위한 현지 거점 병원의 필요성 등으로 해외 진출에 대한 관심이 높아졌다. 또한, 해외 배경으로는 중동, 러시아, CIS 국가 및 동남아 국가들의 빠른 경제 성장에 따른 고급 의료 수요 확대와 국가 차원의 의료 현대화 투자 등으로 글로벌 헬스케어 시장이 점차 성장하고 있다. 의료 기관의 진출 유형은 첫째, 현지법인을 설립하거나, 기존 병원을 인수하는 직접 투자 및 운영, 둘째, 병원 설립 계획에서부터 운영 및 장비, 의료서비스 등 토탈 솔루션을 제공하는 프로젝트 유형, 셋째, 임상분야 자문 컨설팅 및 환자 유치 유형이 있겠다. 국내 의료기관은 그동안 대부분 프로젝트 혹은 자문 컨설팅 및 환자 유치 유형으로 추진하여 왔으나, 향후 중국 등을 중심으로 직접 투자 유형도 증가할 것으로 예상되는데, 100% 자체 투자가 아닌 경우에는 현지 파트너와 역할 분담과

그에 따른 사업 구조를 우선 구축해야 하며 투자하는 자원에 대한 대가를 어떤 형태로, 어느 수준으로 배분할 것인가에 대한 협상 전략을 수립해야 할 것이다.

2016년 6월 의료 해외 진출 신고제 시행 이후, 해외 진출은 점차 증가하여 2018년 10월 현재 16개국, 44건의 의료 기관의 해외 진출이 이루어졌다. 국가별 진출 현황으로 중국이 가장 많았으며 카자흐스탄, 베트남, UAE, 페루, 싱가포르 등의 순이었다. 정부도 민관협력 인프라 구축을 위해 종합 지원 체계를 구축하기에 이르렀는데, 한국보건산업진흥원 내에 사전 조사와 사업계획 수립을 하는 '진출기반팀', 세부계획 수립 및 F/S 조사, 법인설립 및 계약 체결을 하는 '진출 사업팀', 그리고 의료 기관 개설 및 운영, 교육 연수, 현지 마케팅 강화 기능을 하는 '국제입찰팀' 등을 구성하여 한국이 글로벌 헬스케어 선진국으로 세계 보건 의료시장을 선도할 수 있도록 다양한 지원을 하고 있다. 중국 칭다오 세브란스 병원 건축이 의료 기관 해외 진출의 모범사례가 될 것이라 기대하며, 지난해 개설한 강남세브란스병원의 카자흐스탄 알마티 여성암 클리닉도 적극적인 추가 지원을 통해 활성화할 것을 기대한다.

2) 의료분야 IT 수출 전략

해외 진출 시 국내와는 다른 의료 IT 환경 이해 및 지원을 위해 기관 차원에서 많은 내부 준비 과정이 필요하다. 국제 표준 준수는 필수적인 사항이어서 해외 시장 진출을 위해서는 우선 다른 기종 시스템과의 인터페이스를 제공하는 표준 기반의 시스템 및 임상 정보의 전달과 교류를 위한 정보교류 시스템을 구축해야 한다. 또한 국제 표준 용어 체계를 도입해서 진단명, 수술명 등 용어를 표준화하는 등, 충분하고 세심한 사전 준비를 해야 한다. 제품 시연과 국내외 연관 컨퍼런스에 부스 홍보 등을 통하여 글로벌 인지도 확보를 위한 노력을 경주해야 하고, 솔루션의 가치에 대한 국제적인 인정을 받기 위해서는 연관 학회지에 연구 논문을 꾸준히 발표해야 하며, 비즈니스도 현지화해야 할 것이다. 성공적인 해외 사업을 위해서는 파트너십 회사 간 역할 분담 및 협력 체계를 공고히 해야 할 것이다.

결론적으로, 서구 선진국에 비하여 상대적으로 저렴한 의료 비용과 의료 기술의 탁월성, 그리고 치료를 받고 본국으로 돌아간 환자들의 입소문에 의해 대한민국의 높은 의료 수준이 알려지면서 내한하는 환자 수 및 의료 시장은 향후 점차 증가하리라 예측된다. 따라서 내부적으로는 의료의 질 유지와 환자 안전 시스템의 지속적인 관리, 그리고 스토리텔링을 통하여 연세의료원이 메디컬 투어리즘의 랜드마크 병원이 되길 기대하며, 현시점에서 의료 기관의 해외 진출은 선택이 아닌 필수가 되었고 대내외적인 환경 변화로 인해 글로벌 헬스케어 시장은 점차 성장하고 있음으로, 연세의료원이 의료진들의 탁월한 의료 술기를 세계에 전파하여 메디컬 코리아를 선도하는 기관으로 자리매김하기를 기대한다.

문화와 건축

문화(culture)는 accumulation(축적) 문화와 replacement (교체) 문화로 크게 나눈다고 한다. 'Accumulation(축적)'은 옛 전통을 보존하거나 승계하고, 개선하는 문화이고 'Replacement (교체)'는 옛것을 새것으로 바꾸는 의미이기에 변화와 혁신이라는 함의를 가지는 것으로 볼 수 있다. 따라서 각 국가는 이 두 가지 문화를 사안마다 적절히 선택하면서 발전해왔으나, 어떤 문화에 더 중점을 두는 국가인지는 차이가 있다.

'축적 문화'의 대표적인 나라는 지역마다 옛길이 잘 보존되어 있는 영국이 아닐까 한다. 사실 대도시의 교통과 주차 문제 등으로 골목길을 유지하기가 쉽지 않을 것이나, 골목골목 많은 옛길들이 보존되어 있고, 필자가 90년대 초 연수한 영국 런던의 세인트 마크스 병원은 복도에서는 도르래와 로프가 보이고, 미닫이 이중문으로 된 80년 된 리프트를 잘 보존해서 사용하고 있었다. 일본도 한 장소에서 같은 상호로 몇 대 째 제작 기법이 전수되어 내려오는 작은 가게들이 많은 '축적 문화' 국가일 것이다. 반면, '교체 문화'의 대표적인 나라는 대한민국이다. 1950년 한국전쟁으로 인한 파괴와 복구, 그리고 1960년대 빠른 산업화 과정을 거치면서 짧은 기간에 빠른 속도로 발전한 우리나라는 '개선'보다는 '혁신'이 강조되는 교체 문화를 기반으로 근대화되어 왔다. 교체 문화는 개혁과 혁신이라는 측면에서는 많은 장점이 있겠지만, 건축물 사례를 보면, 1993년 YS 정부 때 '역사 바로 세우기'라는 명분으로 철거한 구 중앙청 건물이 있는데, 여러 가지를 고려한 결정이었겠지만 보존 혹은 재생할 수 없었을까 하는 아쉬움이 여전히 든다.

지난가을 강남세브란스병원의 용인·동백으로의 한시적 이전 및 재건축안으로 교직원들 간 의견을 수렴한 적이 있었다. 약 3개월간의 공론화 과정을 통하여 이전하지 않고 현 위치에서 리모델링하는 것으로 결론지어졌지만, 교직원들의 병원 발전에 대한 열망을 확인할 수 있었다.

현재는 여러 산업 분야에서 인공 지능과 빅 데이터 등을 앞세운 4차

산업혁명이 진행 중이고 저출산, 고령화 시대를 맞이하여 보건의료 시스템의 변화도 예상된다. 따라서 병원 리모델링도 비록 제한된 공간이지만, 새 시대에 맞는 디자인과 합리적인 공간 재배치를 통해 미래에 대비하고 하드웨어뿐만 아니라 환자의 편의와 진료 기능을 효율적으로 수행할 수 있도록 첨단의 소프트웨어 시스템을 구축하는데 적극적인 관심과 투자를 해야 할 것이다. 이런 면에서 기존의 공간을 다 허물고 새 건물을 짓는 재건축보다는 리모델링이 더 어려운 과제일 수 있을 것이다. 제한된 식자재로 짧은 시간 내에 최고의 요리를 만들어내는 '냉장고를 부탁해'의 셰프 같은 건축설계자를 만나기를 기대한다.

끝으로, 공론화 과정 중에 의견과 생각 차이로 인하여 교직원 간 갈등이 있었지만, 리모델링 추진과정에서 깊은 이해와 소통을 통해 다양한 의견을 수렴함으로써 강남세브란스의 재도약을 함께 이루어내는 계기가 되었으면 한다.

암병원장직을 마치며

2017년 3월 암병원장으로 취임한 이후 2년간 암병원이 5S(Strong, Solid, Speedy, Safe, Satisfactory) 병원으로 거듭나도록 하기 위해서 하드웨어, 소프트웨어, 그리고 휴먼웨어에 대한 각종 시스템들을 구축하였습니다.

첫 번째 하드웨어로는, 암병원 외래를 리노베이션 하여, 센터별로 구획을 정리하고, 쾌적한 대기 및 진료 공간을 확보하였으며, 갑상선, 유방초음파검사실을 확장하였습니다. 또한, 항암 주사실을 이전하여, 확장 오픈하였으며 암 예방·정보센터를 개소하였습니다.

두 번째 소프트웨어로는, 그동안 각 센터별로 개별적으로 운영되던 것을 센터 간 시너지를 도출하기 위해서 기능별 7개 운영위원회를 조직하였습니다.

1) 홍보위원회: 3개 국어 홍보 책자 제작, 홈페이지 개선, e-뉴스레터 제작(3개 국어), 홍보 동영상 제작 및 디지털 역사 패널 제작 진행 중.
2) 교육 위원회: 전주기 교육 시스템 구축, 원내 교육 월별 공지, 해외 의료진 연수 프로그램 구축 및 유치
3) 환자 경험위원회: 환자 경험 스토리텔링 수집 중
4) 미래 헬스케어 위원회: 제1회 미래 헬스케어 심포지엄 개최, 줄기세포 워킹 그룹 & 세미나 개최, 암성 통증 앱 개발 중
5) 국제위원회: 2017, 18년 카자흐스탄 현지 진료 및 교육, 해외 의료진 연수 프로그램 개발 및 실시, 국제 에이전시 초청 간담회 개최
6) 연구 위원회: 암병원 학술상 제정 및 시상, 암 연구비 제정 및 지급, 암 정책 연구비 제정
7) 발전위원회 발족: 암병원 발전기금 모금의 활성화를 위한 발전위원회 조직 및 개최

그 외 암병원의 미션과 비전을 수립, 제작하였고, 디지털 헬스케어, 빅데이터 및 의료 관광과 글로벌 헬스케어를 주제로 한 제1, 2회 헬스케어

컨퍼런스(CHHC)를 개최하였으며, 암 예방·정보센터를 개소하여 진료 뿐만 아니라 암 예방 및 교육 기능을 더하였습니다.

다학제 진료 활성화를 위한 시스템 구축 및 우수 진료팀에 대한 시상을 실시하였고 암 치유자 클리닉을 개설하였습니다.

또한, 협력 의사 초청 세미나를 개최하였고 2019 달력을 제작하여 협력 병·의원에 배포하였습니다.

환우들을 위한 행사로는 사진전 '빛' 개최, 암통합케어센터 주관의 건강강좌 개최, 제1, 2회 암병원 송년음악회 개최, 탈모 환자들을 위한 가발 지원 사업을 시행하였으며, 환자안전을 위한 암병원 소방훈련도 실시하였습니다.

그리고, 홍보회의, 경영분석회의, 협조부서 간담회, 그리고 연명의료윤리위원회 등을 발족하고 정기적으로 개최하였습니다.

세 번째 휴먼웨어로는, 직원들의 교육을 위해 전주기 교육시스템을 구축하였고 외부 교육 혹은 학회 참석 시 등록비 지원, 내부 교육으로 격월로 '의료정책과 문화 포럼'을 개최하였습니다.

암병원 내 연구 문화 조성을 위해 우수한 연구자에게 암 분야 연구 업적에 대한 학술상을 제정하여 시상하였으며 암병원 학술 연구비를 제정하고 시상하였습니다.

연 2회 조교수, 부교수 간담회를 개최하여 젊은 교수들과 소통하였으며, 직원들에게 즐겁고 행복한 직장이 되도록 기회가 있을 때마다 작은 선물로 감사 인사를 하였습니다.

이제 2년간의 임기를 마치면서 지난 활동들을 정리해 보았습니다. 그동안 수고한 진료부장 장항석 교수, 간사 김준원 교수, 각 센터장들, 그리고 간호사, 코디네이터들을 비롯한 교직원 여러분께 감사의 말씀을 드리며 이러한 활동과 시스템 구축이 기반이 되어 암병원이 지속적으로 발전할 것을 기대하겠습니다.

다시 한번 더 여러분들의 노고에 감사드립니다.

존경하는 故 박인서 교수님을 추모하며…

교수님과의 추억을 되새기며 이 글을 쓰려고 하니 눈물이 앞을 가립니다. 주말에 갑작스런 교수님의 별세 소식을 접하고 가슴이 저려 왔습니다.

교수님은 소화기학 분야 중 위염, 소화성 궤양, 헬리코박터균 그리고 소화기 기능성 질환 분야의 연구 및 진료에 큰 업적을 남기셨으며, 저를 비롯한 많은 후학들을 양성하셨습니다, 또한 일찍이 세계적인 석학들과의 교류를 통해 연세의대 소화기내과 및 한국 소화기학 분야의 발전에 크게 공헌하셨습니다. 저희 졸업 동기생들이 뽑은 올해의 교수상을 수상하시기도 하셨지요. 연세의대 졸업생을 4대째 배출한 연세 가족(교수님은 62년 졸업, 3대)이어서인지, 교수님은 국내외 의학사에도 관심이 많아서 정년퇴임 시 고별 강연으로 소화기학 역사를 멋지게 강의하기도 하셨고, 퇴임 후 소화기학 역사책을 번역해서 출판하기도 하셨습니다.

2002년 정년퇴임하신 이후 교수님 지도로 석·박사 학위를 취득한 제자들의 모임이 만들어졌고, 본인이 간사를 맡아 매년 스승의 날이 있는 5월에는 신촌 돌구이집에서 제자들 십수 명이 교수님을 모시고 저녁 식사를 함께하였는데, 그때마다 제자들에게 인근 서점에서 산 책들을 즐겨 선물하셨습니다. 작년부터 건강이 나빠져 모임을 가지지 못하였고 이후에는 개별적인 문안 인사만 드려왔습니다.

멋진 헤어 스타일의 인자한 교수님은 문학과 음악을 사랑했던 로맨티스트이셨고, 서울고등학교 은사님이셨던 조병화 시인의 시를 특히 좋아하셨습니다. 다독을 하셔서 다방면에 풍부한 상식과 식견을 가지셨지만 가끔은 독특한 발음 때문에 당신의 말씀을 이해하는 것이 어렵기도 했지요.

음악을 사랑했고 클래식 음악에 대한 해박한 지식을 갖고 계셨던 교수님은 세브란스 오케스트라의 초대 지도교수님이셨고, 따님의 피아노 반주에 직접 가곡을 부르신 음반을 제작해서 주위 지인들에게 나눠 주기도 하셨지요. 외국 학회에 가시면 틈나는 대로 클래식 음반을 구매하고 감상하셨는데, 한번은 같은 교향곡 음악 CD를 여러 개 구매하시기에 그 이유를 여쭈니, 지휘자와 연주하는 오케스트라가 다르면 같은 곡이어도 다른 느낌이므로 그 미세한 표현의 차이를 즐기신다고 하셔서 무식한 제자를 당혹스럽게 만들기도 하셨지요.

보고 싶은 교수님,

이제는 교수님 발음에 익숙해져 무슨 말씀을 하시는지 다 알아들을 만해졌는데, 그리고 요즘은 90세를 넘겨서도 건강한 경우가 다반사인데, 83세란 연세에 선생님을 보내드리기엔 너무 아쉽고 안타깝습니다. 교수님께 받은 따뜻한 제자 사랑과 은혜를 이제 제 제자들에게 베풀도록 하겠습니다.

부디 영면하시고 명복을 빕니다.

의료인에서 번아웃 Burnout(소진) 증후군이란?

어떤 이유에서든 스트레스를 받은 후 매사에 짜증이 나고 의욕을 잃고 무기력해지거나 두통 혹은 수면 장애에 시달린 적이 없는지?
번아웃 증후군은 만성적인 직장 스트레스가 잘 관리되지 않아 발생하는 증후군으로 에너지 고갈과 소진감, 자신의 일에 정신적으로 거리를 두려는 느낌, 자기 직업에 대한 부정적 혹은 냉소적 감정 등의 증가, 전문적 업무 효용성의 감소가 특징이다.

2014년 미국에서 의사들을 대상으로 한 연구에서 반 이상의 대상자가 한 가지 이상의 번아웃 증상을 경험하고 있다고 보고하였고, 그 외 극심한 피로감, 중요한 의학적인 실수, 심지어 자살 사고 등도 있었다고 한다.

특히 환자 진료에 대한 집중력 저하로 의사-환자 관계에 부정적인 영향을 미치게 되고, 의도치 않은 의학적 실수를 하게 되어 환자 치료에도 악영향을 미치게 된다. 진료과별로는 내과, 가정의학과, 응급의학과, 신경과 의사에서 높은 비율의 번아웃 증상을 보였다고 한다. 최근 국내에서도 44개 의료기관 222명의 소화기내과 의사를 대상으로 한 연구에서 근골격계 통증 경험 89.6%, 소화기계 증상 53.6%, 정신과적 증상 68.9%가 발생하였다고 하고, 143명, 64.4%에서 번아웃 증상이 관찰되었으며, 특히 40대 이하의 여의사에서 번아웃 증상이 심각했다고 보고하였다. 응급실 간호사의 번아웃이 증가할수록 업무 수행 능력이 감소하고, 전문직 정체성도 감소하였다는 연구도 있다.

이렇게 번아웃 증후군은 개인의 정신적, 신체적 건강을 해칠 뿐 아니라 직장의 업무 효율성도 저하시키므로 번아웃 증후군을 예방하고 대응하는 것은 개인뿐만 아니라 속해 있는 직장의 의무이기도 하며, 사후적 대응보다는 사전적 대응이 우선적으로 필요하다.

개인적으로 번아웃 증후군을 예방하고 대응하기 위해서는 스트레스가 축적되지 않고 해소될 수 있는 회복 탄력성(resilience)을 증진시키는 것이 중요한데, 이를 위해 적절한 운동을 하거나, 하루 10분간이라도 직장 일은 잊고 '하늘을 보고 날씨를 느끼며' 산책하는 등의 활동이 필요하다. 또한 평소에 잘 자고 잘 먹으며, 시간을 쪼개어 취미 생활을 즐기고, 적절한 휴식 시간을 가져야 할 것이다. 직장 내에서 주관하는 힐링, 명상 프로그램 등에 참여하는 것도 좋을 것이다.

직장 차원에서 번아웃 증후군을 예방하고 관리하는 제도적인 방안으로는 급여 인상, 승진, 명예 부여 및 인정, 그리고 시간을 주는 것 등이 있다고 하는데, 이 중 '시간을 주는 것'이 장기적인 측면에서, 지속 가능한 발전을 위해서는 중요하다고 생각한다. '시간을 줌'으로써 보다 더 창의적인 생각과 업무를 하여 개인이나 직장의 발전에 도움이 된다면, 돈이나 지위, 명예는 부차적으로 따라오기 때문이다. '시간을 주는 것'이란 의료인으로 하여금 진료 혹은 연구 외의 과도한 행정적인 업무를 줄여주는 것과 진료 업무를 분담할 수 있는 적정한 인력을 지원하는 것 등이 있으며, 이를 위한 재원 확보는 직장과 리더의 몫이 될 것이다.

또한 직장에서 건강 검진 시에 스트레스, 번아웃 정도를 평가하는 시스템을 도입하여, 이를 통해 관리하는 프로그램을 운영하는 것이 바람직하며, 단위 부서별로 멘토-멘티 프로그램을 운용하는 것도 좋을 것이다. 또한 다양한 동호회 활동을 적극적으로 지원하면 직원 간의 교류는 물론 스트레스 해소에도 도움이 될 것이다.

직장 차원에서의 환경 개선도 중요하다. 몇 년 전 업무 협약을 위해서 구글 코리아를 방문했을 때, 잘 갖추어진 휴게실과 식당을 보고 감탄했었는데, 어느 연예 기획사의 식당 음식이 세계 최고(?) 수준이라는 얘기를 들은 적도 있다. 타 직종보다 스트레스가 많은 병원에서는 높은 수준의 직원 식당과 휴게실을 갖추는 것도 좋은 방안이 될 수 있을 것이다.

'성공한 사람이 행복한 것이 아니라 행복한 사람이 성공한다'란 말이 있듯이, 직장 생활이 행복하고 번아웃 증후군에 빠지지 않도록 개인 및 직장 차원에서 번아웃 증후군에 대하여 관심을 갖고 이를 관리하고 대응하여야 할 것이다.

송인성 교수님의 퇴임을 축하합니다

교수님과 저와의 인연은 90년대 중후반 여러 학회에서 제가 맡은 강의 세션의 좌장으로 정곡을 찌르는 교수님의 질의에 진땀을 흘리며 답변을 드리면서 시작되었던 것 같습니다. 대한소화기학회 이사장을 맡으실 때는 제가 학술위원으로 활동하면서 먼발치에서나마 교수님을 뵙게 되었습니다. 이후 고 박인서 교수님으로부터 교수님의 조부께서 세브란스 의전을 졸업하시고 황해도에서 의술을 펼치셨다는 말씀을 들으면서 더욱 가깝게 느껴졌습니다.

2011년 대학에서 정년 후 분당서울대병원에 봉직하시면서 강남세브란스 병원과 1년에 두 번씩 소화기질환에 대한 조인트 세미나를 개최하면서 교수님을 자주 뵙게 되었고, 풍부한 임상 경험에서 우러나오는 촌철살인과 같은 코멘트에 많은 것을 배우게 되었습니다.

세미나 후에는 저녁 식사를 하게 되는데, 늘 젊은 의사들과 함께 소통하며 이들을 위한 조언과 격려로 후학들로 하여금 진정성과 겸손으로 의업을 대하는 마음가짐과 자세를 가다듬게 하였습니다. 분당서울대병원과 강남세브란스병원 소화기내과 조인트 세미나는 교수님 덕분에 인생(Life; learning, inspiration, fun, experience)을 배우는 소중한 자리가 되었습니다.

아직도 여전히 젊음과 건강을 유지하고 계시는데 퇴임을 하신다니, 실감이 나지 않습니다. 후학들이 닮고 싶은 '큰 바위 얼굴'이신 교수님의 퇴임을 다시 한번 축하하며 늘 건강과 행복을 기원합니다.

코트디부아르 출장기

#1

지난여름 의료원 서모 교수로부터 아프리카 출장 제안을 받았다. 연세의료원, 한국디지털병원 수출사업협동조합(KOHEA), 그리고 한국수출입은행 등과 컨소시엄을 구성하여 서아프리카 코트디부아르Cote d'Ivoire (Ivory Coast)에 국립 암병원 설립을 추진 중인데, 2020년 1월에 병원 설립에 대한 자문 및 강의를 요청받았다. 서 교수와 헤어진 후 돌아오는 차 속에서 검색해 보니, 인구 2천여만 명인 이 나라의 국명은 15세기 후반부터 이 지역 해안에서 상아를 산출한 데서 유래하였다고 한다. 세계 제1의 카카오 수출국인 이 나라는 1960년에 프랑스로부터 독립이 되었고, 2002년부터 5년간 정부군과 반군 간 내전이 일어났는데,

영국 프리미어 리거였던 축구선수 디디에 드로그바 시합이 있던 날은 휴전을 하였다는 일화가 있다.

이후 바쁜 생활로 잊고 지내다가, 1월 초 황열병 예방접종을 받고 나서야 초행길인 아프리카 출장이 현실로 다가옴을 느꼈다.

인천에서 아비장까지 비행기 타는 시간만 22시간인 긴 여정이다.

1월 17일 금요일 오후에 출발, 이탈리아 항공으로 로마를 경유, 중간 기착지인 마드리드에 도착하니, 18일 01시 30분이다. 시간의 여유가 있으면 시내 프라도 미술관에 가보고 싶은데, 아쉽지만 다음을 기약해야겠다. 날이 밝으면 카사블랑카로 갔다가, 다음날 새벽에 코트디부아르 아비장Abidjan에 도착하는 여정이다.

18일 아침에 말라리아 예방약을 한 알 삼킨 후, 마드리드 공항에서 카사블랑카행 Air Marco 비행기에 몸을 실었다. 카사블랑카Casablanca는 '하얀 집'이란 뜻으로, 하얀 집들이 많았다는 이 도시는 험프리 보가트와 잉그리드 버그만 주연의 영화로 익숙하다. 유명한 대사인 '당신의 눈동자에 건배'가 생각나지만, 이번에는 사랑하는 아내를 두고 혼자 왔기에, 그런 멘트를 날릴 일은 없겠다.

카사블랑카에서 6시간 대기후 밤 9시 비행기를 타고 5시간 만에 무사히 아비장에 도착하니, 적도의 후덥지근한 공기가 낯선 곳으로의 여행에 우려 반, 기대 반, 복잡한 감정이 교차하는 여행객을 무심하게 맞이한다.

#2

현지 시각 19일 새벽 두 시에 호텔에 체크인하고 잠을 청한 후, 늦잠을 자고 싶었으나 대서양의 힘찬 파도 소리에 7시경 잠이 깼다. 오늘은 일요일이라서 공식 업무가 없기에 함께 출장 온 일행들과 식사를 하며 호텔에서 시간을 보내야 할 것 같다. 이곳은 프랑스 식민지였기에 프랑스인들이 휴가를 보내러 많이 오는 것 같다. 숙소 유리창 너머 앞바다에서 서핑을 즐기는 사람들도 보이고 평화로운 느낌이 든다.

내일부터 만나게 될 현지 젊은 의사들과 병원 관계자들을 위해 무슨 말을 하고, 어떤 역할을 할 수 있을까 정리해본다. '명품 병원'이 되기 위해서는 첫째, '가치'가 있어야 하고, 둘째, 명품의 품격을 높여줄 '하드 & 소프트웨어', 그리고 '스토리텔링'이 뒷받침되어야 한다고 평소에 생각해왔는데, 이들에게는 첫 번째인 '가치', 즉 의료의 탁월성(medical expertise)이 제일 중요하고 시급할 것 같다. 이들을 위한 지속적인 교육 제공이 가능한지 고민해 봐야겠다. 130여 년 전 조선에 오셨던

Avison 박사는 어떤 생각과 고민을 하셨을까….

종일 숙소에서 지내다 보니, 책을 읽다가 잠만 자게 되어 시차 적응은 못하게 되지만, 오랜 탑승에 따른 여독은 풀리는 듯하다. 사방은 어두워지고 아침에 들었던 쉼 없는 파도 소리가 또다시 들린다.

#3

오늘은 아침부터 코트디부아르 국립 암병원 설립 프로젝트를 위한 현지 관계자들과의 미팅이 있어서 함께 온 일행들과 일곱 시 반에 숙소를 나섰다. 사실 나는 처음부터 그 일에 관여하지 않아서 전반적인 진행 상황을 이해하고 내가 어떤 도움을 줄 수 있는지 알아보고자 회의에 참석하게 되었다. 아비장 Grand Bassam 지역에 연면적 약 16,000m2, 지상 3층(지하 1층) 건물, 215병상으로, 약 1억 불 규모의 병원 설립 프로젝터이다.

불어를 유창하게 하는 한국인이 회의에 참석하였기에 인사를 나누었더니, 병원 설계, 건축에 참여하는, 프랑스 건축사 자격증이 있는 Y 엔지니어링 상무이다. 8년간 프랑스에서 건축 공부를 했다고 하기에 르 코르뷔지에의 롱샹 성당을 얘기하며 대화의 접점을 찾아보려고 했더니, 자신은 '생계형 건축가'라고 한다. 논어에 '삼인행 필유아사'라고 했듯,

타지에서 프랑스어로 건축을 공부하느라 고생했을 이분에게도 배울 점이 많을 듯하다. 술을 못 마셔서 와인은 입에도 대지 못했다는 안타까운(?) 분이기도 하다.

회의 장소를 세 차례 옮기며, 코트디부아르 보건복지부 국장, 시행사 대표 등과 회의를 해보니, 대통령 선거가 10월에 예정되어 있어서 6월부터는 행정적인 일을 진행할 수 없으니, 2월까지 입찰 제안서를 제출하고, 4월에 착공식을 하자고 한다. 정치적인 일정으로 인해 속전속결 진행될 것 같아서 우리 정서에는 맞을 것 같은데, 실무를 맡은 직원들은 무지하게 바빠질 것 같다. 이런 일을 진행하는 데에 앞으로 주 코트디부아르 한국 대사관과 유기적인 협력 관계 구축이 필요할 것 같아서 예정에도 없었던 대사님과의 면담 신청을 했더니, 촉박한 일정임에도 불구하고 여러분들의 도움으로 내일로 일정이 잡혔다.

세 번째 회의를 마친 후, 와인을 곁들여서 닭튀김, 고구마 같은 얌yam 등 현지식으로 저녁 식사를 하며 긴 하루를 정리하였다.

#4

오늘은 업무 마지막 날로서, 오전 9시 반부터 세미나가 시작되기에 아침 일찍부터 서둘렀다. 시내 호텔에서 약 30여 명의 의사, 간호사들이 참석한 가운데, 소화기 치료 내시경 강의를 하였다. 강의는 45분 정도 했는데, 질문 또한 45분 정도 이어졌다. 코트디부아르는 아직 건강 검진 및 조기 진단의 개념이 없는 듯한데, 한 가지 분명한 것은 내시경 술기 교육에 대한 절실함으로 교육 과정에 대한 질문이 많았다. 젊은 의사, 간호사들을 위한 체계적인 교육은 병원 설립 못지않게 중요할 것이다.

세미나 후 주 코트디부아르 대사님이 함께 온 우리 일행들을 점심 식사에 초청하였다. 하루 전날 연락이 되어 일정이 촉박하였는데도 시간을 내어 주셔서 고맙기만 하다. 병원 설립 프로젝트 중 향후 대사관의 협조가 필요할 수 있을 것이라 생각되었기에 현재 진행 상황을 설명해 드리고 소통하는 유익한 시간이 되었다.

코트디부아르는 아프리카 국가 중 대한민국과 수교를 맺은 최초의 국가이다. 내년이 수교 60주년이어서 대사관에서 여러 행사를 준비 중이라고 하는데, 의료 분야에서도 연세의료원이 주축이 되어 기념 이벤트를 기획하면 좋을 듯하다.

일반 사업과는 달리 해외 의료 사업의 궁극적인 목적은 이윤 창출보다는 해당 국가의 의료 서비스 수준을 높이고 나아가 국민 건강 증진이 되어야 할 것이다. 또한, 해외 사업이 성공하기 위해서는 해당 국가와 국민의 니즈를 잘 수용해서 시스템 구축을 위한 지속적인 교육과 지원이 필요할 것이라 생각되며 연세의료원이 그 역할을 하리라 기대한다.

향후 코트디부아르 국립 암병원 설립 프로젝트가 잘 결실을 맺길 기원하고, 끝으로 출장 기간 내내 수고 많았던 정구영 교수님을 비롯한 프로젝트 팀원들의 건승을 빌며 감사의 마음을 전한다.

시

연둣빛 청포도

휘어진 등나무 그늘 아래

초록 잎 사이로 수줍은 듯
동그란 얼굴들 드러내며

주저리주저리 탐스레 열린
연둣빛 청포도

세찬 장맛비 지나간 후

물기 머금고
알알이 매달린
그 무게를 못 이겨

굽은 등나무 가지에 슬그머니 기대어 보는

연둣빛 청포도.

자작나무를 위하여

닥터 지바고에 나오는
시베리아 광활한 설원과
빽빽한 하얀 나무숲이 구분이 안 되는 곳이 그의 고향.

멀리 떨어진 이국의 타향에서 외롭고 심심한 그를 달래듯
산새들은 재잘재잘 대고
스쳐 지나는 바람결에 울리는 풍경소리는
도란도란 음률을 맞추네.

꽃말처럼 찾아온 집주인은
갈라지고 벗겨진 하얀 피부 어루만지며
고향 떠난 그의 향수를 토닥토닥 다독여본다.

(꽃말: 당신을 기다립니다.)

달항아리

어느 주말 오후 잘생긴 부부가 찾아와 나를 업고 가선
자기네 집 거실 벽에 두둥실 올려놓고
낯설어서 내외하듯 겸손하게 가만히 있는데도
아침저녁으로 은근히 민망하게 쳐다본다.
그럴 때마다 상앗빛 보름달은 그들의 눈동자에 맺히고
아름답고 풍성한 내 얼굴을 닮아 가는 듯
그들의 입가에는 평화로운 미소가 번진다.
가득 차 있으면서도 비어 있는 듯한 내 얼굴이
이들 부부에게 위로와 위안이 되나 보다.

이 집에 오길 잘했다.

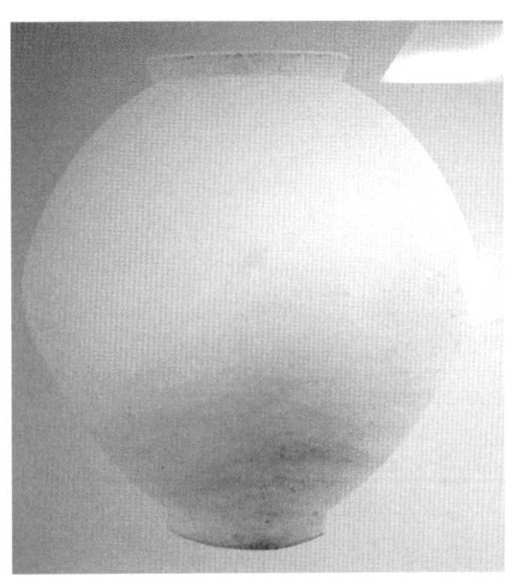

통영 앞바다

-고 전혁림 화백 그림 앞에서-

무심한 듯 툭툭 찍어 누르며
굳어버린 물감은
일렁이는 파도가 되고

두텁고 거친 점과 선으로
하늘과 바다의 구분이 흐려지니
수평선은 이미 마음속에 그려지고

코발트블루빛 물결 같은
투박한 면 사이로
소금기 머금은 바다 내음이
피어납니다.

늦가을 아침 일상

늦가을 동트기 전 찬 공기에 하얀 입김 내뿜어본다
누구는 노란 낙엽이 보도를 수놓는다 하고
올해 낙엽이 예쁘고 화려하다고 하고
낙엽 쌓인 그 길을 밟으며 늦가을 정취를 느낀다지만

어제와 같은 하루를 열고 경비실 구석에 세워둔 빗자루를 집어 든다
주민들 낙엽 미끄럼 막기 위해
뻑뻑해진 오십견 잊고 무심히 빗질을 해대면
땀은 비 오듯 오면서
보도는 깨끗해지고
낙엽은 길가에 수북이 쌓인다.

허리를 펴고 고개를 들어보니
잎 떨군 나뭇가지 사이로
늦가을 아침 햇살이 차가운 두 뺨에 살포시 내려앉는다.

떠나간 이의 명복을 빌며

어제 아침 회진 시 삶에 대한 의지를 보였던 말기암 환자가
오늘 아침에는 하얀 시트의 빈 침대를 남긴 채 사랑하는 가족 곁을 떠났다.

산을 좋아하는 故友가 어제는 히말라야에서 안부를 전하더니
오늘은 산사태로 갑작스레 그의 부고를 접한다.

죽어도 여한이 없다, 혹은 늙기 전에 죽고 싶다
라는 말들은 함부로 하지 말자.

어젯밤 원치 않은 죽음을 맞이했던 이에게는
오늘은 살고 싶고 소중한 하루이기에
내일 아침 눈부신 햇살을 그토록 만나고 싶었기에…

비 오는 날 수채화

하얀 안개에 싸인 뒷산은
희미한 실루엣만 보이고

앙상한 검은 나뭇가지 사이로
잿빛 하늘이 얼굴을 내비치네.

색 바랜 갈색 낙엽들이 자리싸움하고 있는
누런 잔디밭에는
차가운 비가 떨어지고

정원 가운데 호랑가시 뾰족뾰족 나뭇잎은
그 푸르름을 유지하고 있네.

자작나무 가지에 매달린 투명한 수정 같은 빗방울로
겨울비 추적추적 내리는 지금 이 순간은

기억 속 캔버스에 일곱 빛깔 물감으로 채색 중.

내시경검사

너를 기다리며 침대에 누워보니
어느 영화 속 학생들이 책상 위에 올라선 것처럼
지난날 무심히 지나쳤던 방안 소품들이 다르게 보인다.

너를 받아들일 마음의 준비를 하니
입안으로는 마취제가 뿌려지고 마우스피스가 물려지며
팔 정맥으로 하얀 진정제가 스멀스멀 들어온다.

너에게 온몸을 맡긴 채 하나, 둘… 세 번 만에 눈을 뜨니
너는 향기만 남긴 채 이미 떠나가고
하얀 천장이 흐릿한 시야에 속절없이 들어온다.

토사곽란吐瀉癨亂

문밖으로 세상 구경한다고
으르렁 으르렁 잦은 달음박질이
어제부터 밤새도록 아래위로 부산하다.

부글 부글대며 폭풍처럼 휘몰아치고
혀가 타들어 갈 정도로
구석구석 남은 물기마저 내보냈는데도
마르지 않는 샘처럼
또 나가고 싶다고 두드린다.

폭포瀑布의 추경秋景에 젖어

병풍 같은 바위 절벽 틈으로
세차게 품어내는 하얀 물줄기에
산새는 고고히 화음을 보태며
가파른 오솔길의 피로를 달랜다.

우수수 우수수 낙엽비에
맑고 깨끗한 계곡물과
이끼 낀 오래된 바위는
단풍잎으로 알록달록 물들고

종이배처럼 유유히 떠내려간 낙엽들은
클림트의 금빛 그림같이
화려하게 다시 피어나며
마음을 빼앗고 취하게 한다.

칸딘스키

작가는 음악을 그릴 수 있다고
건반 하나하나를 허공에 던지니
멜로디는 공간을 채운다

점과 선이 만나는 것은 숙명이 아니라며
헤어지고 솟구치다가
우연처럼 다시 만난다.

어스름한 빛 속에서
그림은 뒤집어지고
선과 면은 서로 분리되고 해체된다

혼란스런 관객 앞에서
음악이 미술에게 속삭인다

감정을 이렇게 표현하고 싶다고.

파란 하늘을 그리워하며

하늘이 눈이 있다면
뿌옇게 낀 먼지로
눈 아래 아름다운 세상을 볼 수 없음을
얼마나 답답해할까

하늘이 코가 있다면
스멀스멀 기어들어 오는 먼지들로
숨 차 하며
얼마나 비틀거리고 힘들어할까

하늘이 입이 있다면
남녘 소식 전해주는
하얀 뭉게구름과 얘기도 못 나누는 신세를
얼마나 한탄할까

하늘이 마음이 있다면
그 옛날 파랗게 펼쳐진 날들을
얼마나 그리워하며
또 마음속 눈물을 흘릴까

오케스트라 하모니처럼

현악기 음색처럼 부드럽고
그윽한 향을 낼
사과를 사각사각 자르고

플루트 소리 같은 상쾌하고 신선한 레몬과 오렌지,
비올라같이 부드럽고 달콤한 파인애플을
먹기 좋게 자른 다음

금관악기처럼 강하고 화려한
레드 와인 한 병을 아낌없이 콸콸 붓고.

팀파니 연주하듯 레몬즙을 흩뿌린 후
기도하는 마음으로 지휘를 마치면
그녀가 좋아하는 붉은빛 샹그리아가 탄생합니다.

겨울 정원

하룻밤 새 치워지는 도심의 눈과 달리
어제 내린 눈이 제자리를 하얗게 지키고 있다.

녹음의 계절이 오기 전 비워진 초록 공간을
난초잎 같은 맥문동이 대신하고 있다..

차가운 겨울바람에 대나무는
제 몸의 탄성으로 싸아 하고 소리를 낸다.

산수유 노란 꽃봉오리가 맺혀 있는 것으로 보아
곧 파스텔톤으로 번질 날도 멀지 않았다.

로메로 브리또 Romero Britto

1월은 Happiness

2월은 Hope

3월은 Love

….

어느 회사에서 만든 달력 덕분에

위로받고 힐링했던 지난 1년.

그가 만든 행복 바이러스가 퍼져나가

코로나 바이러스를 쫓아내면 좋으련만.

벽에 걸린 사과

궤짝을 채운 겨 속에
묻혀있다 나온
빨갛고 파란 사과

먹을 수 없고
딸 수도 없는데

단맛일까 신맛일까
침샘을 자극하는

벽에 걸린
향기로운 사과